◎ 新时代基础教育探索丛书

星河在上 泥土在下

——我的教育手记

☆ 张基广 著

版 武汉出版社
WUHAN PUBLISHING HOUSE

（鄂）新登字08号

图书在版编目（CIP）数据

星河在上　泥土在下：我的教育手记 / 张基广著. — 武汉：武汉出版社，
2023.8

（新时代基础教育探索丛书）

ISBN 978-7-5582-5709-4

Ⅰ.①星… Ⅱ.①张… Ⅲ.①教育—文集 Ⅳ.①G4-53

中国国家版本馆CIP数据核字（2023）第004466号

著　　者：张基广
责任编辑：李　俊
封面设计：曾娥梅
出　　版：武汉出版社
社　　址：武汉市江岸区兴业路136号　　　　邮　　编：430014
电　　话：(027)85606403　　　85600625
http://www.whcbs.com　　E-mail: whcbszbs@163.com
印　　刷：武汉鑫金星印务股份有限公司　　　经　　销：新华书店
开　　本：787 mm×1092 mm　　1/16
印　　张：17.75　　字　　数：350千字
版　　次：2023年8月第1版　　2023年8月第1次印刷
定　　价：65.00元

关注阅读武汉
共享武汉阅读

做中国味、孩子味、泥土味的教育

多年来，我一心做"中国味、孩子味、泥土味"的"三味教育"。

什么是中国味？

就是扎根中国大地，为党育人、为国育才，把"祖国利益高于一切"的校训根植于孩子心中，让孩子们生长在我们的土地上，爱党、爱国、爱人民，从小拥有一颗中国心。

什么是孩子味？

就是顺应儿童的天性，尊重儿童的个性，培养和发展儿童的社会性，让学生站在学校的中央、教育的中央、学习的中央，保护孩子的天性、灵性、个性和童心，让孩子们"睡得好，玩得好，学得好"。

什么是泥土味？

就是回归常识，回归自然，回归泥土，不生搬硬套，不追求奢华，不囿于知识和分数，从地面开始，从细节入手，从习惯教育做起，让儿童在泥土上恣意奔跑、在草地里自由打滚、在阳光下自然生长。

"中国味"是我头顶的教育星河，"孩子味""泥土味"是我心中的教育大地。

头顶祖国的星河，脚踩教育的泥土，是为"星河在上，泥土在下"。

张基广

目 录
CONTENTS

第二章 儿童眼里的世界

第三章 留一块黑板给未来

第
四
章

教育的星空

第五章

迷恋土地

第六章 教有所思

第一章

播下一粒种子

Chapter 1

　　教育是什么？教育就是在孩子幼小的心灵播下一粒种子，播下一粒向学、向上、向真、向善、向美的种子。总有一天，这粒种子会告诉你——一切皆有可能！

教育，就是播下一粒种子

有一天晚上，一位家长给我打来电话。

下午放学她在校门口接孩子时，孩子飞奔过来，异常兴奋地对她说："长大一定要做个数学家。"原来，孩子在学校获得了"小小数学家"的奖项，还与校长一起合影，校长拍着他的肩膀说他将来一定会成为一个大数学家……

我校一直坚持做一项挺有意思的活动——"数学智慧角"抽奖活动。每周由各个年级的学生为自己的年级出一道数学趣味题，学生自由竞答，把答案投到指定的"数学智慧角"信箱中。然后，在每周一的升旗仪式之后，举行公开的抽奖活动，凡是答案正确的同学都有获奖机会，对抽中的同学颁发"数学幸运星"奖，同时，对所出题目被选上的同学颁发"小小数学家"奖。

在每周一颁奖完毕，还会有一个小小的仪式：获"小小数学家"和

"数学幸运星"奖的同学，登上学校的升旗台与校长合影……活动开展多年来，激发了不少孩子学习数学的兴趣和热情。

家长的电话让我想起当天早上的情景：获得"小小数学家"和"数学幸运星"的孩子，在全校同学热烈的掌声中登上了升旗台，我与他们合影后，随手拍了拍旁边一个小男生的肩膀，大声地对他，也是对所有获奖的同学说："今天你们是学校里小小的数学家，长大后就会成为建设祖国的大大数学家……"

当然，我知道校长的一个拍肩膀动作、一句鼓励的话语不一定有这么大的力量。但我坚信：这项活动的长期开展，肯定会在一些孩子心中播下一粒数学的种子，总会有一天，有那么几粒种子真的会生根发芽，成长为未来的数学家、数学大师……

教育是什么？教育就是在孩子幼小的心灵播下一粒种子，播下一粒向学、向上、向真、向善、向美的种子。总有一天，这粒种子会告诉你——一切皆有可能！

好教师的模样

开学第一周，我与学校招录的十几位新老师见面了。

在简要地向他们介绍学校概况后，我请每位新教师用自己的方式，向同伴介绍一下自己。

我边听新教师们自我介绍，边看着他们那青春洋溢的脸。他们自我介绍完毕，我兴奋地对他们说："从今天的第一次见面，我就知道你们未来肯定会是一名好老师！"看着他们疑惑的眼神，我接着说："因为你们在刚才作介绍时，有一个共同的特点，那就是每个人的脸上、目光中都是微笑，有了这份微笑的表情和心情，你们足以成为一名好老师。""如果说我作为一名先入职的老师，作为校长，对你们有什么希望和期待，我只希望你们做好四个字：保持微笑！"

十几个年轻的新教师又一次会心地笑了。

在我的心目中，好教师的样子其实挺朴素，那就是"慈爱"和"微笑"。一名好教师的内心深处，对孩子充满慈爱和善意，这种发自内心的慈爱又时常掩抑不住，时常透露出来成为脸上和眼睛中的微笑。拥有内心的慈爱和脸上的微笑，哪怕是一位新教师，哪怕他没有娴熟的教学技巧和成熟的教学经验，也会深受孩子们的喜欢，受孩子们喜欢的老师肯定就是一位好老师。

习总书记给我们教师提出的"四有教师"要求，细思起来，"有理想信念，有道德情操，有仁爱之心"，都可以化为对孩子的"慈爱"和"微笑"，如果再加上"有扎实学识"，就会成为一位教书育人的好教师。

见面结束的时候，我对新伙伴们深情地说："我心目中的好老师——他对世俗和功利从骨子里透出蔑视；微笑、幽默和善良常伴他左右；他从不向学生灌输什么，而是在春风化雨中，让孩子们唱自己的歌、跳自己的舞、讲自己的故事……"

真正的教师应做到"四个不忘"

作为一名普通的人民教师、一名教育工作者，能够走进庄严肃穆的人民大会堂，受到党和国家领导人的亲切接见，倍感幸福、温暖和光荣，更感受到一种特别的力量。

此时此刻，我特别想说的是：做教师不能安于做"拿工资做事"的"匠师"，只有做一名"立德树人"的"人师"，才能体味到做教师、做教育的幸福味道。而一名真正的人民教师，就要做到"四个不忘"。

一是不忘为党育人，为国育才。要把教书育人与国家的命运、民族的复兴紧密联结在一起，不断思考为谁培养人、培养什么人、怎样培养人的根本问题，深深扎根中国大地做教育。

二是不忘学为人师，行为世范。学高为师，身正为范，身教重于言教，教师的模范言行是对学生最好的教育，教师的高尚师德是对学生最深远的影响。教师要不断修炼自己的德行，成为学生人生的导师，引导学生扣好人生的第一粒扣子。

三是不忘尊重学生，严爱相济。做到顺应天性、尊重个性、培养社会性，欣赏激励在前、严格施教在后，既要敢管敢教，更要宽容慈爱。把爱与责任作为教育的底色，用一颗心去换取另一颗心，用一个灵魂去唤醒另一个灵魂。

四是不忘遵循规律，绿色育人。要遵循教育规律和人的成长规律，回归教育教学本质，不断尝试启发式、探究式、讨论式、合作式、参与式等教育教学方式，不做重复刷题、机械训练，重在提升兴趣、激发动力，让学生从"教会""学会"走向"会学"，追求"教是为了不教"的理想境界，走出一条轻负高效的绿色发展之路。

正如习近平总书记所说："一个人遇到好老师是人生的幸运，一个学校拥有好老师是学校的光荣，一个民族源源不断涌现出一批又一批好老师则是民族的希望。"愿更多的老师成为真正的"人师"，成为"有理想信念，有道德情操，有扎实学识，有仁爱之心"的"四有教师"，培养一批批德智体美劳全面发展的社会主义建设者和接班人。

教师应该做一个"先生"

　　古往今来，人们给教师冠以许多称谓，像园丁、蜡烛、春蚕、人梯、灵魂工程师、太阳底下最光辉的职业，等等。人们对老师这些美好的称谓，既是一种尊重，也是一种期许。

　　不过，我最喜欢的还是"先生"这个称谓。"先生"二字，让人一听起来，就有一种庄重、神圣、崇高之感，既形象高大又责任重大。

　　仔细琢磨起来，"先生"二字颇有意思。"先生"相对于学生而言，应该是先生、先知、先行，而学生相对于"先生"而言，则是后生、后觉、后行。所谓"闻道有先后"，"先生"应该是闻道在先，而后"传道、授业、解惑"。

　　"先生"既然是先知、先行者，那他先知、先行什么呢？我认为：先生要在先行的路上探明哪里是不必要走的弯路，哪里是不能走的险路，哪里是无法回头的不归路。然后一一告知学生，引导学生走人生正途，而少走人生弯路，更不能走上险路和绝路。"先生"以先行者的经验、教训告之"后生"，避免犯下他本可避免的大错。

从这种意义上说，教师的职业本质，其实是先行"探路人"和学生的"指路人"，是过来人对未来人的一种指引和教导。

记得在《肖申克的救赎》中，老瑞德说："我回首往事前尘，那个犯下大错的小笨蛋，我想和他说话，我试图讲道理，让他明白什么是对什么是错，但是我做不到，那个少年早就不见了，只剩下我垂老之躯。"

真正好的教育，是过来人和未来人说话；真正好的教师，是从未来回来跟学生说话。

教师本应做一个"先生"！

教是为了不教

有个著名的"学习金字塔"理论,说的是不同方式的学习给学生留下的记忆和学习效果,分别是听讲(5%)、阅读(10%)、视听(20%)、演示(30%),讨论(50%)、实践(75%)、讲授给他人(90%)。而听讲、阅读、视听、演示等学习方式对学生而言是被动学习,讨论、实践、讲授给他人才是真正意义上的主动学习,也就是我们常说的:"我听到的,我忘记了;我说到的,我记住了;我做到的,我理解了。"

耶鲁大学法学院有两幅浮雕,正门的浮雕是老师在讲课,慷慨激昂,手舞足蹈,而下面的学生都在睡觉;另一幅浮雕在后门,这个浮雕正好相反,学生们分成了两排,一看就知道,学生争论得不可开交,甚至相互指责的手势都有,而老师呢则在睡觉。这两幅浮雕形象生动地展现了两种截然不同的学习方式,带来不同的学习效果。

我曾教过的一名学生,他在香港大学学习两年,在巴黎政治学院学习两年，也尝试过耶鲁大学和北京大学的暑期课程。我问他在不同大学的学习感受，他说：香港大学的课程相对容易，教师讲授的时间与学生发言时间比例大约3∶1；巴黎政治学院的课程较难，分为大课和小课，大课主要以老师讲授为主，小课则以学生报告为主，两者比例大约是3∶2，学生课外还需要做大量开放性的作业；耶鲁大学的暑期课程是最难的，教师在课堂上很少讲授，时间都留给学生讨论和报告研究成果，学生课下须大量阅读和精心准备；北京大学暑期课程最容易，基本是老师讲，学生听就可以了。

教是为了不教。

教师的任务归根结底是引导和促进学生学习。我们需要把学习的主动权真正还给学生，尽可能采用启发式、探究式、合作式、讨论式、参与式等学习方式，让学生站到学校的中央，站到课堂的中央，站到学习的中央，从"听会""教会""学会"走向"会学"。

另一条路

高三、初三年级学生复学在即，如何确保学生安全又保证教学质量成为了一大难题。

大部分学校目前的设想是：把原来一个班的学生分成两个教室坐，上课时，A教室学生由老师面讲，B教室的学生同步看视频直播。有的学校考虑得比较细致，同步看视频的教室还安排一个其他老师负责课堂组织纪律。甚至有的学校还考虑到教学公平，A教室和B教室面讲与看视频一天一轮换。

可以说，学校为学生复学考虑得非常周到，但这种课堂组织形式有一个基本理念作前提，那就是以"讲"为主。无论是教师面讲还是学生同步看直播，都是基于老师讲、学生听，课堂以老师的讲为中心。

于是，就有老师和家长开始质疑了：对进入总复习的高三、初三学生而言，最需要的是针对性复习、分层次教学和个性化指导，这种"我讲你听"的单一教法根本无法关照到学生差异。一般情况下，老师考虑的是优生和升学率，后面的学生能听多少则看各人的造化了。况且，前段时间在家上网课，学生视力就受影响，现在到学校看视频同步直播，这与前期上网课有什么区别呢？学生的眼睛怎么办？除此之外，有没有另外的方法？

我想，改变操作方法的前提是教学理念的改变。如果教学理念还是教师讲学生听，教师设计"教案"授课，课堂依然是"讲堂"，那就难以改变方法。如果变原来的"老师讲学生听"为"学生学老师导"，变"讲堂"为"学堂"，变学生"认真听讲"为学生"自主学习"，那方法就会自然而然发生改变。

我想，其实把一个班的学生分到两个教室同时上课，还有其他更好、更有效的方法，那就是"任务驱动学习，教师分场引导"。具体可以这样操作：A教室学生先按老师事先准备好的"学习任务单"或"课堂导学单"进行自主学习，后半节再由老师来讲解、答疑、个别指导；B教室学生可由老师先进行讲解引导，讲完后学生做"学习巩固单"，进行当堂练习巩固。当然，A教室和B教室也可以轮换着进行。

照此理念，其实老师还可以做得更彻底：A、B两个教室的学生在前半节课都按老师精心设计的"学习任务单"或"课堂导学单"进行自主学习，老师在A、B两个教室现场随机指导学生自主学习。后半节课，老师在A、B两个教室分头进行讲解、答疑，并布置课堂练习进行当堂巩固。

可以预想，这样的"先学后教""以学定教"，比单调的"师讲生听""我讲你听"学习效率更高，学习效果更好，最关键的是，学生的学习能力也会在此期间得到相应提升。

不过，老师所做的工作与原来就大不一样了。原来，老师课前备课时把功夫基本上花在备"教案"上，考虑的是如何把课讲好，讲得学生听懂、听明白、会做题。现在，老师备课时则要把功夫花在备"学案"上，要在吃透教材和学习内容基础上，精心设计好"学习任务单"或"课堂导学单"，使"学习任务单""课堂导学单"能很好地引导学生自主学习，提高课堂教学效率和效度。

我不能简单地否定"老师讲学生听"的课堂，但我想这绝对不只是课堂教学的华山一条道，不知道有多少学校、多少校长和老师愿意试着走一走另一条路……

永远的黑板 永远的粉笔

我对汉字和书法的喜爱源于黑板和粉笔。

犹记得读小学的时候，教我语文的老师写得一手漂亮的粉笔字。每当他在黑板上一笔一画地书写时，我都会目不转睛地盯着黑板，盯着老师手中那支神奇的粉笔，惊喜地看着一支小小的粉笔，在黑板上写出一个个、一排排漂亮的汉字，小小的心灵惊叹着黑板上的汉字之美。那时的我一直有个小小的心愿，长大后我也要用粉笔在黑板上写出这么漂亮的文字。甚至下课的时候，我也抢着奔到黑板前面，拿着黑板擦，恋恋不舍地擦黑板，期待着下一节语文课的到来。

如今，老师使用电子白板、多媒体一体机的时间越来越多，而使用粉笔和黑板的时间越来越少，以至在很多优质课、竞赛课的课堂上，老师们也为了追求所谓的课堂效率，追求板书的美观，课前直接做好了字条，上课时直接粘贴在黑板上，不再一笔一画地当堂书写，导致课堂失去了本该有的教育味道，也逐渐丢失了板书特有的育人功能。

我们不妨回想一下：有多少孩子像童年的我一样，是在老师吱吱作响的板书中，伴随着黑板和粉笔成长的；有多少孩子在老师板书的时候，聚精会神地盯着老师神奇的手和工整的粉笔字，对汉字、汉语和民族的爱悄悄发芽，悄悄生长；又有多少孩子在下课之后，在作业本上，悄悄地模仿着老师的字体，满怀喜爱、满怀欣喜地看着自己的字一天天写好。

我们不妨细想一下：一位语文老师在用粉笔板书的时候，他的心中蕴含着多么深的情感，对汉字的情感，对语文的情感，对课堂的情感，对教育的情感，对中华文明的情感。而这些情感又通过一支小小的粉笔，通过粉笔在黑板上的一笔一画，慢慢地展露在孩子们的面前，浸润着孩子们幼小的心灵。一位数学老师用粉笔在黑板上随手画一个漂亮的圆，一位地理老师、历史老师用粉笔信手画一幅中国的雄鸡地图，引得孩子们惊叹而羡慕的目光，透过这目光，对学科的爱、对学习的爱、对祖国山河的爱愈来愈浓烈，一颗颗爱的种子悄然播下。

而这一切，是现代多媒体教学手段，是一体机、电子白板和显示屏所无法达到的。屏幕是冰冷的，没有教育的温度和情感，课件投影出来是没有过程的，与学生的距离很远，很难打动学生的心灵。而粉笔和黑板则在一笔一画中，在慢慢的过程中，在老师的指尖和背影里，透露出无限的教育温度和情感，浸入学生的心灵深处。

两年前，我校就实行了"黑板日"的教学举措，规定每周四整天，全校各科老师关掉一体机，关掉屏幕，用粉笔和黑板上课。"黑板日"的施行，有效地保护了孩子们的视力，一度边缘化的粉笔和黑板，又回到了我们的课堂，回到我们的教育，回到师生的中间。我们的教育教学不断回归质朴，回归本质，回归原点。

再先进的教学设备只是手段，人的发展才是终极目的。我们不能舍本求末，更不能误入现代化的陷阱。我想说：黑板和粉笔是最古老的教学媒体，也是最现代的教学媒体。黑板和粉笔古老而年轻！

　　我们要永远留一支粉笔给教育，留一块黑板给未来！

一份盒饭的故事

有一天上午临近吃午饭的时候，有一个转学生转进了班级。

中午吃饭的时候，我猛然想起多了个转学生还没来得及通知学校食堂，于是这个班少了一份盒饭。

当我急匆匆地来到这个班级，却看到那个孩子正在和班上同学一起安静进餐。一问，才知道是班主任李老师悄悄地把自己的那份盒饭给了这个孩子，而李老师却饿着肚子组织学生用餐。

那一刻，我的心里涌起一股暖流，为我们的学校，为我们的老师，为人性的善良。

我连忙跑进食堂，让食堂师傅打了一份盒饭，送到李老师的手上。李老师连声道谢。我一个劲地说："应该感谢的是你，你就是我心中最好的老师！"

这时，我想到了我小学时的一位老师。我念小学的时候，山村的冬季很冷，池塘里都会结上厚厚的冰。一次下课的时候，我又跑到学校旁边的池塘边去玩，一不小心踩破池塘边沿的冰，棉鞋一下子就湿透了。上课回到教室的时候，冻得直打哆嗦。语文老师刘老师一眼看出我的异样，走到我的身边，什么责备的话都没有说。转身跑到她的教师宿舍，找来她自己的一双棉鞋让我穿上……这双棉鞋和刘老师温暖的目光，一直印刻在我的记忆深处。

教育家夏丏尊先生说：教师的爱就像池塘里的水。如果一口池塘里没有水，哪怕池塘再大，无论它是方的还是圆的，都称不上一口池塘。没有爱的教育就像池塘里没有水一样。

我又想到当年汶川大地震时，有的老师用尽最后的力气把学生推出门外，自己却倒在了教学楼里；有的老师像雄鹰一样张开臂膀，把学生掩在自己身下；有的老师顾不上自己的家人，却视孩子如己出……我想：这些都是老师们在生死瞬间下意识的动作，他们没有时间考虑，没有办法抉择，更没有丝毫犹豫，因为在那一瞬间，他们的心中只有学生，只有孩子，他们把生的希望留给学生，而自己却坚定地、淡然地面对危险……

这就是师爱！

这就是超越父母之爱的神圣师爱！因为"爱自己的孩子是人，爱别人的孩子是神"。

我想说：一个老师即使有再好的教学技巧，班上学生考了再高的分数，如果缺乏这种神圣的师爱，那也只是一个"匠师"；一个老师如果有了这种神圣的师爱，即使他（她）没有什么教学技巧，即使他（她）是一位没有多少教学经验的老师，他（她）也肯定是一位好老师，也肯定会是一位很好的"人师"。

我想说：再高超的教学技巧都比不上一份盒饭的温暖！

一名未获得荣誉的老师

在我们举行的近几年退休教师的恳谈会上，退休教师对学校满怀留恋，深情回首往事，真诚寄语未来。

刚退休的易老师动情地谈起学校的一位老教师，这位老教师从教一生未获得什么荣誉称号，但他一直是学生心目中最好的老师。

这位老师所任教的班上，有一名同学从小患病，导致运动起来四肢动作很不协调，尤其是做操的时候。每天学校上操时，都会有值日的学生给各班做操的纪律、整齐度、精气神等进行评价打分，因为这个班有这样一个孩子，做操时难免动作不整齐，总会因此被值日学生扣分。但这位老师坚持每天让这个孩子参加做操，即使班上被值日学生扣分也从未间断，而且还专门指派两名学生关注这个孩子上下楼梯的安全。学校举办班级做操比赛，他依然让这个孩子站在队伍中间，虽然最终比赛未获奖，但他和班上同学都觉得很正常，并不在意。他经常说：每个孩子都有平等享受教育的权利，我们班无论做什么都要一个都不能少。他这种做法也得到班上孩子一致拥戴，在全班孩子心中播下了真、善、美的种子。

虽然这位老师未获得荣誉称号，他所带的班级也很少得到表彰，但他的学生都特别尊敬他。他的学生小学毕业多年以后还会相邀回母校看望老师。春节的时候，他的学生相互邀约，纷纷到老师家里拜年。他退休之后，有一次身患重病，在治疗费用上遇到了困难，他的学生听闻后，自发组织捐款，自发到医院轮流照料老师，让人为之动容。

这位老师从教一生，并不刻意追求荣誉，也没有获得什么荣誉，但他凭良知教书育人，自得教育之乐，无愧于教师这一神圣称号。

他虽然没有获得纸面上的荣誉称号，但在学生心目中早就树起了一座教师的丰碑，赢得了学生、家长和同行的口碑，学生的敬重、社会的尊重就是他获得的最高荣誉。

在"破五唯"的今天，我们评价一位老师，真的不能只看分数和升学率，不能只看老师的文凭和论文，更不能只看老师所获得的头衔，关键是看一个老师是否静心教书、潜心育人，是否热爱校园、真爱学生，是否坚守班级、扎根课堂，是否深受学生敬重、令学生终生难忘……

孩子，你慢慢来

又是9月1日。

每年开学的第一天，送新生的家长就会成为校门口的一道风景：有的拉着孩子的手，千叮咛万嘱咐；有的站在校门外目送孩子，久久不肯离去；有的从学校围墙的栏杆缝隙，不断向校内张望……每位家长都希望孩子尽快适应小学生活，尽快成为一名真正的小学生。

为了让一年级小朋友尽快适应小学生活，确保"零起点"教学顺利实施，我们学校并不急于给一年级小朋友上新课，而是秉持"磨刀不误砍柴工"的理念，精心设计了"新生习惯教育周"，即在开学第一周不急着教学科知识，而是花一周时间教给孩子基本规范，培养新生各方面习惯，为他们今后的学习生活做好充分准备。

首先，我们从文明习惯开始，教育训练孩子自己背书包上学，进校门见到值日老师和同学要问好，跟送上学的家长说再见，进测温室检测体温，洗手池洗好手，自己走进校园，进入班级，在自己座位放好书包和学习用品，向同学们介绍自己，认识新同学，课间与同学文明友好游戏等。

其次是学习习惯，教育训练孩子如何准备学习用具，如何摆放上课用的教科书和学习用具，上课的正确坐姿，写字时正确坐姿和握笔姿势，如何举手发言，如何在班级门口站好队，如何有序走进操场，如何站好队升旗做操，做各科作业的格式要求和书写要求等。

还有就是生活习惯，包括"干干净净、安安静静"吃午餐，安安静静午休，如何上厕所冲厕所，如何到饮水机处打水，如何站队放学，如何做好个人清洁卫生，如何做好班级清洁等。

在进行习惯教育时，老师们采用的基本方法是"详细讲解，生动示范，实地体验，人人过关"，把习惯教育真正落细落实。不少班级还有创新之举：有的老师请来高年级同学为一年级小朋友现场示范，请高年级班级与新班级结对手拉手；有的老师邀请家长志愿者、校外志愿者共同训练；有的老师把习惯的具体要求拍成微视频发给家长，可以让学生在家回顾、练习……

在进行习惯教育和训练时，老师们说得最多的一句话就是"不急！孩子，你慢慢来……"

你的孩子吃好早餐了吗

新学期的开学典礼后，孩子们都兴高采烈地排队回教室。

看着孩子们走得差不多了，我也准备回办公室。突然，我看到一个女生坐在操场边的石凳上，手捂着肚子，面色苍白。我连忙跑上前去，着急地问："怎么啦？是头晕吗？"我担心孩子是中暑了。她摇摇头，只是手把肚子捂得更紧了。"你是不是早上没有吃好早餐呀？"她不好意思地点了点头。

我连忙喊住身后的一位女老师，让这位女老师把孩子扶到学校的资源部（总务处），让孩子先坐下来。然后，让资源部的老师拿出常备的饼干、面包和牛奶，让孩子慢慢地吃了一些饼干、面包，喝了一点牛奶。这时，我看到孩子的脸色逐渐恢复了红润。她又不好意思地笑了，跟我们道了再见后飞快地跑向教室。

其实，学校的资源部常年都备有干粮和牛奶，就是因为常有孩子早餐来不及吃，在学校里发生类似的情况，让我们觉得特别心疼又特别无奈。

每天早上我站在校门口迎接学生进校时，经常看到有的孩子拿着一个面包边啃边往学校跑，有的孩子手中的包子才咬了一半就匆匆进校门。每当这时候，我都会让他坐到学校门口的桌椅旁，慢慢吃完再进校，并且反复询问他吃饱了没有。要知道，一上午是四个小时左右的学习时间，如果早餐就这样随便糊弄一下，孩子的身体恐怕吃不消。

每学年新生家长会上，我在介绍完学校的办学理念、课程设置、教学改革等内容之后，都会特别给家长们两点建议：吃好早餐特别重要，睡足十小时至关重要。因为，身体是学习的本钱，没有好的身体何谈好的学习和发展，关心孩子要从关心身体开始，关心身体就要从"睡好觉""吃好早餐"开始。

在此，我想真诚地对家长们说一声：再忙，也要给孩子准备一份好早餐；再忙，也要让孩子吃好早餐。

教师之乐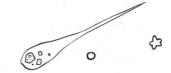

学校要开运动会了。

一大早，体育老师都来到运动场布置场地。

我路过运动场，看到两幅让我忍俊不禁的画面：两位体育老师在用石灰瓢画完石灰线之后，一位老师双手紧握石灰瓢，做出标准的打高尔夫球姿势，把石灰瓢当高尔夫球杆，正在像模像样地挥杆；另一位老师双手紧握石灰瓢，做出投掷链球的姿势，完成旋转抛掷链球的系列动作……秋天的朝阳映照在他们朝气蓬勃的脸上，特别美，特别帅气。

我的心头涌上一股热流：谁说教师职业清贫，谁说校园生活单调，谁说教育工作乏味？教育自有教育之乐，教师自有教师之乐。

教师之乐是一种自得之乐。这种自得之乐是一种安贫乐道的坚守，是一种把石灰瓢抡成高尔夫球杆的洒脱，是一种"一箪食，一瓢饮，在陋巷，人不堪其忧，回也不改其乐"的风骨。

教师之乐是一种自足之乐。当你披着晨曦走进教室，孩子们一句句甜甜的问候，足以赶走早起的困倦；当你抖落一身粉笔灰来到操场，围绕在你身边的一张张笑脸和叽叽喳喳的小嘴，足以让你体味温情的环抱；当你口干体乏之时，悄悄出现在你背后的一把椅子，足以让你温暖良久；当你情绪低落时，孩子们一声不响看着你的那种乖巧，足以让你的眉头慢慢舒展开来……"得天下英才而教育之"乃人生大乐。

教师之乐是一种孩童之乐。陶行知先生说："我们必得变成小孩子，才配做小孩子的先生。""忘了你的年纪，变个十足的小孩子。你若变成小孩子，便有惊人的奇迹出现，师生立刻成为朋友，学校立刻成为乐园。谁也不觉得你是先生，你便成为真正的先生。"一个老师葆有一颗童心，理解儿童，尊重儿童，变回儿童，就会享受到一种与世无争的、天真无邪的、至纯至真的生命之乐。

教书育人，自得其乐，为师多年，双鬓微霜。在某一个朝霞初起的清晨、一个暖阳高照的正午或是一个晚霞满天的黄昏，在街头巷尾或繁华闹市，当年某个顽皮的学生，大老远喊一声"老师好"——此生足矣！

童言中的教育道理

小安是我校二年级的一名学生。

最近，小安与妈妈有两次特别有意思的对话。

小安对练书法有点畏难和厌倦情绪。

妈妈：我有一个好主意，把你每次练的字都留下来，以后等你的孩子开始写字的时候，给他看看，让他知道，妈妈写的漂亮字都是练出来的。

小安：我以后的孩子也会练字吗？

妈妈：当然啦，将来你的孩子也要上幼儿园，上小学中学，上大学。

小安：那我的孩子也可以上我们的学校吗？

妈妈：当然可以啦，妈妈非常赞成！你的孩子也会像你一样爱学校，爱同学，爱学习哟！

小安和妈妈一起看冬奥会开幕式。

小安：这些接力国旗的是什么人？

妈妈：这是各行各业的优秀代表，有警察、消防员、医生、护士、工人、教师、科学家等，在任何一个行业，都可以做到优秀，让人尊敬。

小安：真的有老师吗？

妈妈：当然啦，老师是一个很重要、很伟大的职业！

小安：真希望我们刘老师也在里面。

童言无忌，童言无邪。

孩子的对话有时看似答非所问，有时思维又异常跳跃，但这两段对话却告诉我们朴素的教育道理：父母是孩子的第一任老师，也是孩子的一面镜子。父母在言传身教、举手投足、潜移默化中，都会在孩子心里播下一粒粒向学、向上、向真、向美的种子。

孩子喜欢和信任的学校就是一所好学校，就像小安不仅自己喜欢学校，还懵懵懂懂地希望自己未来的孩子也上这所学校。

孩子喜欢和记挂的老师就是一位好老师，就像小安的心里，她的刘老师就是接力国旗的优秀代表……

校园里的花开了

阳春三月，校园里的花竞相开放。

清晨，张老师信步走入校园，一股花香沁人心脾。原来是清晨的校园比较清静，她闻到了樱花的花香。

上课的时候，她意犹未尽，问了班里孩子们一个问题：你们在校园里有没有闻到花香？孩子们说没有。她又接着问：我们的校园里春天有樱花，秋天有桂花，你们都没有闻到过吗？孩子们你望着我，我望着你，不知老师是什么目的。最后，她又追问了一句：同学们知道樱花和桂花有多少个花瓣吗？结果没有一个人知道。

张老师停下了语文课，她把学生带到校园里，凑近学校的樱花树，细细地闻着樱花的幽香；又让孩子们捡拾掉落的花瓣，数一数花瓣的数量；还让孩子们把拾起的花瓣夹在语文书里，让书中的文字也变得清香起来……用她的话说，这才是孩子们应该上的、最重要的一堂课。

张老师给我讲这堂课的时候，眼神里充满了惆怅。是呀！我们的孩子还能为春天的花香而欣喜，为夏夜的鸣虫而遐想，为秋天的落叶而感怀，为冬雪漫漫而感到浪漫吗？

很多人把学生心理问题归咎于考试、作业和升学压力，但我认为这并不是学生心理问题的核心，真正的核心是孩子们长久没有感受到生命的意义，没有感受到自然生命的意义和人生命的意义。

因此我们要带孩子走进自然，走进大千世界，走近生活；让孩子保持对世界的好奇，对自然的敏感，对生命的触摸；让孩子感受世界的精彩，万物的美丽，生命的光辉；让孩子课堂上所学的东西产生课外的意义和价值，让他的学习和生命与世界相连接。

正如张老师所说，这才是孩子们最重要的一堂课！

一位教师的力量

朋友给我讲了一个故事。

朋友在一次出差的途中，顺路去看一个多年未谋面的同学。这个同学大学毕业后，一直坚守在一所乡镇中学教体育。

朋友想着给老同学一个惊喜，就没有提前打招呼，径直来到这所乡镇中学。一走进校园，他就被眼前的一幕吸引住了：学校的操场上热闹非凡，几个篮球场上有几支队伍正在进行篮球比赛。让他感到意外的是，参加篮球比赛的并不是中学生，而是年龄不等的一群成年人，篮球场旁边的观众，也不是学生，而是一些当地的居民。这些观众把篮球场围了里三层外三层，神情专注地在观看、鼓掌、惊呼、呐喊、助威，场面实为壮观。

而朋友的那位同学，显然是这几场篮球赛的总裁判，吹着哨子忙前忙后，从这个赛场跑到那个赛场，忙得不亦乐乎，通身透射出一位体育老师的激情与活力，时不时带头大声呐喊助威，还奔跑着给比赛中的选手进行场外指导，整个人完全沉浸在比赛之中。

朋友一直饶有兴致地看着篮球赛，被眼前不太专业但特别有味道的篮球赛所打动。等到球赛结束，乡民们谈笑着意犹未尽地渐渐散场，他才来到同学的身旁。

同学见到他，先是惊喜地愣了一下，然后兴致勃勃、神采飞扬地向他介绍篮球赛的来历。原来，这位同学到这所中学当体育老师，看到学校周边一些村民农闲时节以打麻将为主要娱乐。于是，就到周边村里进行宣传，慢慢地召集了一些青壮年组建了几支篮球队，定期开展篮球赛，篮球赛吸引越来越多的村民前来观赛，每次比赛的场面都热火朝天，像过节一样……

朋友被深深地打动：想不到在这所偏僻而普通的乡镇中学里，居然有这样让人肃然起敬的一位老师，居然有这样让人回味无穷的故事，居然有老师凭一己之力把村民从麻将桌上吸引到篮球场上。

听完朋友讲的故事，我想到著名诗人流沙河老先生的一段回忆：他小时候读书，正值国破山河碎，一群孩子坐在茅草盖的房子里。国学老师刘兰坡先生手持一炷香，快步走上讲台，微一鞠躬，对孩子们轻声说："我燃香而来，望诸君努力！"这香，是书香，是文明的薪火，也是民族延续的香火。学堂是薪火相传的地方，薪不尽，则火不灭。

一个老师的力量到底能有多大？

就像这位我不知名姓的乡镇体育老师，他的力量可能很小，小到只有一个小小的篮球场、一只小小的篮球那么大。但有时他的力量又会很大，大到可以改变一个地方的文化生态，可以改变一个地方的民习民风。

这位乡镇体育老师身上所焕发出的这种神奇力量，就是真正的教育的力量！

第二章

儿童眼里的世界

Chapter 2

　　在儿童的眼里，一群小蚂蚁、一只小蜘蛛，可能就是此刻的
世界。如果我们看不见小蚂蚁，忽略了小蜘蛛，我们也就看不见
儿童，看不到儿童的世界。

多年后他还清晰记得……

有一天下午，在校园里，突然有人在远处招手喊我。

待他走近，是一个比我个头高不少的小伙子。"张老师，你还认得我吗？"我依稀记得他是学校多年前的毕业生，但我还真的一下叫不上名字。我只好回答："记得、记得，你这么热的天到学校呀？"

小伙子一脸灿烂的笑容说："我今天才从国外放假回来，是想来看看小学老师的。张老师，你肯定会记得我，那一年我还跟你一起到南昌开过会呢！"我仔细一看，一下想起来了，真的是当年的小胡同学，我们还曾一起在南昌的会议上师生同台演讲过呢。

我跟他边走边聊，他似乎对学校里的一切都特别感兴趣，时时摸一摸这儿，坐一坐那儿，虽然汗珠子不停地从他的面颊掉落，但他根本就没留意到。走到学校的教学楼，他抬头指着回廊的香樟树说：这是一棵穿廊而过的香樟树，又长高了不少；看到校园中间的两棵樱花树，他又兴奋地说：这是日本友人种下的友谊树，都五十多年历史了；到了学校后面的文物房，他如数家珍：这是两湖书院的旧址，陈毅、徐向前、赵一曼等人都曾在此工作、生活过……

听起来，他似乎比我这个校长更了解学校。我特别好奇地说："你怎么对学校这么了解呀？""张老师，你忘了吧，我是学校的小讲解员呀，这些我现在都非常清晰地记得，就连校史陈列馆里的所有讲解我都没忘……"小伙子很健谈地说，"记得我二年级的时候，大队辅导员到我们班来选小讲解员，我的成绩倒很一般，但我比较活泼，被选上了。到现在为止，我的口才还得益于小学做小讲解员的锻炼呢！"

我问起他现在的情况，他说正在国外的一所大学学电影专业，成绩还很不错。我追问了一个比较敏感的问题："那你毕业后是想在国外发展还是回国呢？"他不假思索地回答："可能刚开始要去实地学一学国外的电影，不过，我是要回来的。"他顿了顿，好像一下子又回到了当年做小讲解员时的语气："张老师，我们的校训不就是'祖国利益高于一切'吗？我将来就是要回国做新一代导演。"这时，从他的眼里，我仿佛又看到了当年他举起小拳头在国旗下庄严呼号的模样……

他依依不舍地与我道别，还说以后每年都要回母校看看。

望着他的背影，我脑海里不断重现着当年的小男孩和今天高大英俊的小伙子的两个身影。真正的教育，的确需要体验，如果不是当年当小讲解员的多次体验，他怎能对学校的一草一木如此了如指掌，如此深情留恋。如果不是当年的一遍遍讲述，时隔多年以后他怎能如此清晰记得，如此念念不忘……

教育，就是播下美好的种子。当你在孩子幼小的心灵播下真的、善的、美的种子，这一粒粒种子就会在孩子的心底埋藏、发芽、扎根、生长……要知道：念念不忘，必有回响！

儿童眼里的世界

在学校大课间活动的时候，有一天我路过低年级教室的门口。

在走廊的转角处，我看到一个孩子蹲在那里，全神贯注地盯着地面。我在他旁边站了许久，好奇他究竟在看什么，于是也蹲了下来，凑近了去看。哦，他原来在看一群蚂蚁，边看边用手指指点点，俨然像一个指挥千军万马的将军。这时，从远处跑来一个年轻的教师，大声喊着："你还在干什么呀，赶紧来做操。"小孩子虽然十分不情愿，但还是站了起来，慢慢地走到老师那边去，走到中途还不时回头。

我想，这个孩子在做操时心里一定还惦记着蚂蚁。从道理上讲，这个年轻教师的做法也没有错，按照学校的时间安排，学生应该统一参加体育运动。但是，我心里总有那么一点遗憾：这样可能就把一个儿童美好的想象、一个美好的故事腰斩了。于是，我走到做操的队伍中间，等操做完了，专门找到这个孩子："走，我们接着看蚂蚁去。"他瞪着大大的、惊喜的眼睛望着我，在得到老师的许可后，拉着我的手小跑了起来，笑容回到了他的脸上……

我又想起另一件事，前几天我在路过一间低年级的教室时，突然听到教室里吵闹起来，还伴着尖叫声。原来，是教室的墙角掉下一只蜘蛛，被眼尖的同学发现了，一时尖叫起来。我站在窗外，听班主任小李老师处理这件事。她先是提醒孩子们不要去碰蜘蛛，更不要去踩它，因为蜘蛛也是小生命。然后又用充满童话色彩的语调对孩子们说："这只蜘蛛肯定是觉得我们班同学特别可爱，才来我们教室的。大家在听课时，小蜘蛛也在听哟，说不定它还要和你们比一比，看哪个听得最认真……"听到这里，我悄悄地鼓起掌来。

在儿童的眼里，一群小蚂蚁、一只小蜘蛛，可能就是此刻的世界。

如果我们看不见小蚂蚁，忽略了小蜘蛛，我们也就看不见儿童，看不到儿童的世界。

一个孩子眼中的"喜欢"

学校一位老师的亲戚小孩在北方上小学，因她放寒假时间较早，就利用放假走亲戚的机会，到我们学校"游学"一段时间。

两周的"游学"很快就过去了，今天，她来我的办公室跟我道别，我给她倒了一杯水，饶有兴致地跟她攀谈起来。这个五年级的小姑娘文静大方，谈起话来有条有理，说着她来校"游学"两周的方方面面。

她很喜欢班上的老师。这个班上的老师让她最难忘的是态度和蔼，从来不骂同学，也不给脸色同学们看，有时同学犯了错，老师就用善意的幽默来化解和教育，同学们反而更能理解错在哪里、怎么去改正。老师还很有趣，上课的提问很有趣，让学生进行自主合作学习更是让她趣味盎然，有的老师问她从哪里来、原来的学校怎么样，有的老师问她有没有学懂、有什么问题没有，让她感受到老师们的善意和友好。特别是老师们经常鼓励学生，从不否定学生的答案，允许学生和老师有不一样的理解，对个别学生的奇思异想充分肯定，并鼓励学生都要坚持自己的想法。

她对同学依依不舍。虽然只有两周的时间，但她和同学之间建立了深厚的友谊，她再三地、十分留恋地说："同学们都很善良。"有的同学见她不会跳短绳，主动拿出绳子一遍又一遍不厌其烦地教她跳绳；有的同学把好看的书主动借给她看；她上课回答问题"卡壳"的时候，旁边的同学很友善地提示她；有的数学题她不会做，小组内的同学马上主动请缨，从头至尾详细地向她讲解……她又反复地说："同学们很讲规矩。"在集体吃中餐时，同学们都规规矩矩排队打饭菜，把饭菜吃干净；体育游戏节虽然很热闹，但同学们上下楼梯都靠右行，没有抢道的行为；升旗仪式时，大家都庄严肃穆，"祖国利益高于一切"的校训，被大家深刻地理解，化为实际行动……

她对校园生活津津乐道。学校的场地设施让她感到十分有趣、好玩，两周内，她尝试玩过荡秋千、滑滑道、爬攀爬墙、爬树屋、走独木桥、养小兔子等好玩的事情；合作学习小组的朋友还带她"游遍"校园，向她介绍校园的树种，校园里一些有特殊意义的树，像戴红领巾的校树、穿廊而过的香樟树、日本的樱花树、过枇杷节的枇杷树等，都让她记忆深刻；升校旗、唱校歌也让她感到很新奇，尤其是升她所在班的班旗，着实让她激动了一把……

听着，听着，我都不忍心打断她的话。临走时，我反复叮嘱她说：每一所学校都有闪光点，学校的闪光点因地域、文化的不同而表现不同，我们的学校是一所好学校，她的学校同样是一所好学校。每个学校的老师都希望学生向真、向善、向美、向上，每个学校的同学间都很团结友善。我希望她把我们学校的故事带回她北方的学校，讲给老师和同学听，更希望明年她再来"游学"时，把她学校的故事讲给我们师生听。

孩子喜欢学校什么？她并不关心一所学校建筑多么华丽和精美，教学设施设备多么先进和现代。她眼中关注的是学校里人和人的校园生活，她喜欢的是老师的和蔼、善意、宽容、鼓励，喜欢的是同学的友好、善良、团结、和睦，喜欢的是校园生活的童趣、自由、丰富、有序……

教育到底是什么？学校应该做什么？我们还是要多俯下身去，听一听孩子的声音！

小女孩和花

　　春光明媚，百花竞放。校园的月季花在春日的暖阳下格外艳丽。

　　正午的时候，我正透过办公室的窗户，欣赏开得正盛的一丛丛月季，不知从哪里跑过来一个小女孩，围着一丛粉红色的月季绕来绕去。她要做什么？正在我疑惑的时候，她竟然旁若无人地伸手摘了一朵开得最好的月季花。

　　这还了得，好大的胆子！我三步并作两步跑出办公室，几步就到了那丛月季的旁边。小女孩正聚精会神地盯着手中采摘的月季花，猛一抬头看见我站在面前，顿时愣住了，一双惊恐的眼睛直愣愣地望着我，一只手不停地搓卷着衣角。

　　看着她惊吓的样子，我尽力控制情绪，压低了声调说："你为什么要摘花呢？"小女孩好一会儿才回过神来，断断续续地讲了原因：原来她的妈妈一直住在乡下，她跟进城务工的爸爸生活，在校读一年级。昨天她妈妈来城里看她，她一个劲地说学校的花开得最漂亮。今天，她想摘一朵花回去给妈妈看看。

这时，我想起苏联教育家苏霍姆林斯基的身边也发生过类似的事：苏霍姆林斯基所在学校的花房里开出了一批很大的玫瑰花，全校的同学都来看，纷纷称赞不已。有一天早晨，苏霍姆林斯基正在花园里散步，看到一个小朋友跑过来摘下开得最大的一朵玫瑰花，拿在手里，往外走。苏霍姆林斯基很想知道这个小女孩为什么要摘那朵玫瑰花，就弯下腰亲切地问她，小女孩很认真地回答："我奶奶病了，病得很重，我告诉奶奶学校里开了这么大的玫瑰花，奶奶不相信，我摘下来拿回去让奶奶看看，看完就送回来。"听了孩子天真的回答，苏霍姆林斯基牵着小女孩，到花房里又摘了两朵大大的玫瑰花，对小女孩说："这两朵玫瑰花，一朵是奖励你的，因为你是一个有爱心的孩子；另一朵是送给你妈妈的，她养育了你这样好的孩子。"

善良的故事总是那么美好和相似。

于是，我蹲下身去，又摘了一朵最漂亮的月季花给小女孩说："这朵花是奖励给你的，你是一个很有孝心的好孩子，回去好好让你妈妈看看学校里的花。不过，以后如果想让你的妈妈看花，可以带你的妈妈到学校来看，好吗？"

小女孩很认真地不停点头。

这一刻，我分明看到小女孩的眼睛里再也没有丝毫的惊恐，闪烁着善良、美好、幸福的光芒。她很开心地笑了，那天真的笑脸比花儿更好看。

小女孩爱花没有罪过，小女孩由于孝敬妈妈而摘花更没有过错。如果鲜花有灵，也会赞美小女孩心底的善良和美好。

记得苏霍姆林斯基和小女孩的故事，曾被选为某市一所中学的作文题，让学生就苏霍姆林斯基看到小女孩摘花后会如何处理，续写一段作文。作文改出后，让出题者吃惊的是，有的说苏霍姆林斯基会领着这个小女孩去找她的老师，有的说会领着这个小女孩回家告诉她的家长摘花的事，还有的说苏霍姆林斯基会教育这个小女孩要爱护公共财物，甚至有的说苏霍姆林斯基会罚这个小女孩参加学校劳动或者罚款赔偿……

出题者被学生们的回答触动了——传统的道德说教如此深入人心，让经历过这种刻板教育的学生都深谙此道。在学生们的回答中，似乎只有行为准则，只有大道理，他们缺乏对人性美和人情美的感悟，缺乏同情心和同理心。

我想：教育不是非此即彼的事情，小孩子的世界没有绝对的对与错，对孩子的教育也绝不是简单的赞赏与批评。真正的教育首先应该是温暖的、人性的、美好的、善良的、艺术的……

孩子记得你吗

朋友在微信朋友圈里讲了这样一件事。

星期五，短短几个小时，发生在他身上的两个场景让他深受触动：下午放学的时候，突然降雨，他离车还有一段距离，刚好看到旁边有个学校公认的"学霸"打着一把伞，他很自然地用眼神暗示这位同学共一下伞，但那位"学霸"毫不理会，旁若无人地独自打伞而去，留下一脸惊愕的他……当天晚上他去体育馆打球，遇上另外一名同学，七年级师生公认的最调皮、最让人伤脑筋的男生，他也不止一次地批评责骂过这名同学。这名同学看到了老师，叫了声老师后默默地走开。过了几分钟，这名同学又过来了，手里拿着两瓶小可乐，把其中一瓶塞到他手里，一溜烟跑开了，依然留下一脸惊愕的他……

朋友无比感慨：到底什么才是好教育，什么才是好学生？他一时感到非常迷茫。有趣的是，这条微信后面有不少老师跟着评论，大体上是说不少当年的所谓"优生""学霸""班干",长大后不再理会老师。而那些当初调皮捣蛋的、经常受老师批评的、不受老师待见的学生,长大后反而对老师很热情,很讲感情,还记得老师和学校……

这的确是一个让不少老师困惑不解的现象:有一些当初老师对他那么好的学生,居然长大后不太理会老师,不再记得老师;而当初老师屡屡批评甚至冷眼对待的孩子,长大后反而记得老师,对老师很热情。其实,说怪也不怪,有些所谓的"优生"之所以不记得、不感恩老师,是因为自小老师、家长都宠着他,受宠的主要原因是成绩好,而成绩好多半还是因为他们自身聪明,不是老师教导的结果;而那些当初的"差生""后进生""学困生",自感自己不那么聪明,调皮捣蛋给老师添了麻烦,老师批评教育甚至责骂是为了他们好,他们反而铭记并感恩在心。

我也在朋友的微信下面留了这样一段话:分数是冰冷的,人性是温暖的,如果一个老师只停留在教学层面,而不是真正做教育,关心的只是分数和成绩,而不是关注学生健全人格的养成、美好人性的培育,他得到的就可能是学生当下的功利和长大后的冷漠!

我曾多次与老师同行们讨论一个很有意思的问题:什么时候是老师感到最幸福的时刻?很多老师都觉得,当学生毕业后或成人后,仍然记得老师,回母校来看望老师的时候,那是老师感到最幸福、教师生命最有价值的时刻!虽然老师们并非刻意追求"让学生记得",但孩子记得老师和学校,并回校看望老师,那的确是件幸福的事!

我一直不赞成孩子在义务教育阶段过早寄宿。有些父母以工作繁忙为借口,或者打着培育孩子独立能力的旗号,把孩子从小送到寄宿制学校。大量研究表明:过早寄宿的孩子貌似培养了所谓的"独立能力",同时也可能埋下不可逆转的人情冷漠、人心淡漠的种子。我经常跟家长朋友说:

你是要一个热情孝顺的儿子、一个温暖贴心的女儿，还是要一个高分数、有隔膜的"陌路人""工具人""高级打工仔"？中国古语说得好：善有善报，恶有恶报，不是不报，时候未到。父母的亲情付出必有善的回报，而过早的寄宿可能就是情感隔离的原因。

一名纳粹集中营的幸存者，后来做了一所学校的校长。每当有新教师来到这所学校的时候，他都会郑重其事地给新老师一封信，信是这样写的：亲爱的老师，我是一名集中营的受害者，我亲眼见到人类不应该有的悲剧，毒气室由学有专长的工程师建造，妇女由学识渊博的医生毒死，儿童由训练有素的护士杀害。我对你们的请求是，请回到教育的根本，帮助学生成为一个具有人性的人，你们的努力不能造就学识渊博的冷漠怪物，或者是多才多艺的变态狂，或者是受过教育的屠夫。我始终相信，只有孩子具有人性和健全人格的情况下，读写算的能力才有价值。

到底什么是好教育？什么是好学生？什么是好孩子？可能有无数的答案。陶行知先生说："千教万教教人求真，千学万学学做真人。"教育说到底是人的教育、人性人格的教育、真善美的教育、家国情怀的教育，而不仅是知识的教育、分数的教育、升学的教育、谋生的教育……

我想，好学生、好孩子有一个最起码的标准——他会记得生他养他育他的国家、父母、老师，他会记得你！

孩子，今天早晨你梳头了吗

连续几天早晨，我在校门口迎接学生入校的时候，都会特别关注学生的头发和衣着。

我发现有些男生的头发翘得老高，基本没有梳理；有的女生头发比较散乱，没有扎好辫子；有的学生衣服比较脏，而且衣服也没有穿整齐。不知道是因为学生上学匆忙，还是因为家长大意，或者是学生和家长根本不在意，这些孩子少了应该有的朝气，少了精气神，显得随意邋遢。

看到这样的情形，我想起了南开的创建人张伯苓先生订立的"四十字镜箴"："面必净，发必理，衣必整，纽必结。头容正，肩容平，胸容宽，背容直。颜色：宜和，宜静，宜庄。气象：勿傲，勿暴，勿怠。"南开的大、中学校，在重要通道处都设有大镜子，提醒过往的师生随时注意仪容仪表，注重修身养性，提高自身道德情操。

是呀！一屋不扫，何以扫天下？一衣不整，何以走天下？"面必净，发必理，衣必整，纽必结"是对人仪容仪表的基本要求，既是尊重自己的表现，也是尊重他人的行为，久而久之这些小事做好了，才会养成终身受用的习惯和品质。试想想：一个孩子如果早晨连头发都不梳理，连衣服都不整洁，将来会成为一个什么样的人？将来能做好什么事？将来在工作岗位上如何做到自尊和尊重他人呢？

于是，我们学校向全体家长发出一份倡议，倡导家长督促孩子早晨起床后整理好自己的头发和衣服，低年级的孩子可以先在家长帮助下，逐渐学会自己梳理头发、整理衣服。同时，学校将召开专题班队会，开辟宣传专栏，对学生进行专题教育。

教育无小事！

学生的文明礼仪和精气神，从早晨梳好头发、整理好衣服开始；孩子未来的做人做事，从今天"面必净，发必理，衣必整，纽必结"开始！

致儿童

1.很多人满怀热情地想走进儿童的世界。

我一直认为：作为一个成年人，儿童世界是我们熟悉而陌生的一个世界，儿童是我们熟悉的陌生者。大多数时候，儿童在门内，我们在门外；儿童在花季里，我们在花季外；儿童在故事中，我们在故事外。

所以，我一直在努力向往和走近儿童，但我并不幻想走进儿童世界，我对儿童世界永远保持着向往、尊重和敬畏。

2.儿童的世界是一个奇妙的世界。

这个世界是一片未经丝毫污染的净土。童真和童趣是这个世界的灵魂，幻想和想象是这个世界的原色，热情与渴望是这个世界的特质。

这个世界最可贵的是赤子之心。这种赤子之心是对每个细小事物、每一个生灵的真与爱，善与美，敬畏与至诚。他们对生命无比珍爱：会因为最微小生命的消逝而伤心落泪，哪怕是一只小蜗牛，一只竹节虫；他们对伙伴无比真诚：哪怕前一刻还面红耳赤，后一秒又前嫌尽释，握手言好。

3.儿童是自然之子。

几乎每一名儿童都心向自然，他们对大自然有着与生俱来的、无与伦比的热情和渴求。在那里，沙石土木、花鸟虫鱼都是他们最心爱的玩伴：他们可以用草秸打扮成最美丽的公主，用泥土建造最奢华的宫殿，用沙石筑起最华贵的城堡，用树枝树叶编织最高贵的皇冠……

4."好玩"是儿童的第一天性。

儿童最早对世界的认识，不是结构化或理性化的，而是从眼、耳、鼻、舌、身等感性接触中，建构对世界的初始认识。同时，"玩"本身就是一种教育，儿童的成长不全在学校的课堂、教室、课本内，从社区、街道、博物馆到田野、山川、河流，都是儿童的课堂，都是儿童的教科书。

诗人惠特曼有这样的诗句："一个孩子朝前走，他看见最初的东西，他就变成了那东西，那东西就变成了他的一部分……"

5.儿童的"玩"又往往以游戏的方式呈现。

儿童通过多种形式的游戏，如操作式的、想象性的、符号化的游戏，获得自我满足与自我实现。而在游戏中，身体的参与总是伴随着精神的融入，儿童在游戏中达到一种完整的身心合一的境界。

一个3岁的孩子掏出枕芯里的棉絮，那是她在想：天上的云朵是不是用棉絮做的？一个4岁的孩子把妈妈的皮鞋当成小船放进水里游划，那是他在思考：两个外形如此相似的事物是什么关系？一个5岁的孩子全神贯注地拨弄一堆破石头子儿长达几个小时，那是他在研究这个世界的全部秘密……

6."好问"是儿童的另一大天性。

小的时候，孩子常常天真地问：星星为什么会发光？月亮为什么会跟我走？太阳为什么从东方升起？鸟儿为什么会飞？但随着孩子进入学校，进入教科书，我们的课堂有时在不知不觉中把儿童满脑子的"问号"教成了"句号"。

其实，随着年龄的增长，不是孩子们没有问题，而是他们开始关注"成人的目光"，他们担心说出来遭到他人嘲笑，他们也就把问题深藏于心底了。

7.儿童还是天生的梦想家。

儿童天生就是具有天赋的小小艺术家、梦想家。儿童的世界是充满艺术和梦想色彩的世界。儿童的涂鸦、跳跃和游戏蕴含着一种迷人的秩序和秘密，这些秘密和密码有可能是我们成人曾经拥有又已经遗忘，曾经为之着迷又无法重返的。

毕加索说：学会像六岁孩子那样作画，用了我一生的时间。爱因斯坦也曾说：看来，认识原子同儿童游戏相比，不过是儿戏。

8.儿童的眼光与成人是不一样的。

儿童的伟大在于能用一双没有遭受污染的眼睛看世界，用一个没有功利的大脑思考这个世界。所以，儿童看《西游记》，更多关注的是孙悟空的本领和神奇的金箍棒，关心好吃贪玩的猪八戒；看《三国演义》，更关注英雄的故事、战争的惊险、诸葛亮的计谋；看《水浒传》，会更关心武松打虎等。

9.正如卢梭那句话：大自然希望儿童在成人之前就要像儿童的样子。如果我们打乱这个秩序，就会造成一些早熟的果实，既不丰满也不甜美，而且很快就会腐烂。我们将造成一些年纪轻轻的博士和老态龙钟的儿童。

的确，如果春天的时候去摇晃一棵苹果树，你不但不能摇下苹果来，相反会使苹果花纷纷落地，到了秋天收获的时候就不再能收获苹果了。

或许，对儿童来说，在这个世界上最棒的是一个纸箱、一个新的铅笔盒、一个新的彩笔筒和两个小时。

10.谈起儿童，我们会不约而同地谈到他们彼此的不同，关注到他们丰富多彩的个性，每个儿童都是一个独一无二的个体。

我想说的是：作为父母和教育者，千万不要奢望把所有的树木都培养成参天大树，不要奢望把杨树、柳树都变成劲松，我们要做的是把松树变得更像松树，把柳树变得更像柳树。

11.一百年前，鲁迅先生发出"救救孩子"的社会呐喊。今天，越来越多的有识之士呼吁"把儿童世界还给儿童"。

这种基于儿童的生命呐喊，不是简单地出于学术，更多的是出于常识，出于良知，出于生命自觉。

第三章

留一块黑板给未来

Chapter 3

　　什么是好教育？好教育有一条重要标准：就是爱读书的校长
和爱读书的老师，带领着一群学生一起读书。

好学校首先是读书的地方

如果你在学校门口问一个学生家长：孩子到学校做什么？他会随口而出：读书。

但眼下的一些学校，学生是在读书吗？学生"读"的只是薄薄的教科书和乏味的习题集，准确地说，不是"读书"而是"学书"，而学教科书目的也十分单一，那就是为了考试。这些学校都建有图书馆或图书室，也被配置了很多图书，但可悲的是这些学校的图书多半成了藏书，有不少图书从购置就闲置在那儿，根本就没有打开过，图书馆、图书室和图书仅仅是应付上级检查，摆摆样子而已。

学生不读书的一个重要因素是教师不读书，不少教师要么不读书，要么读书只读教材、教参和习题集，最应该读书的教师群体，却成了远离读书的人群。一个老师上课时，应该带着他的全部阅读史走进课堂的。不读书的老师所上的课就只能是照本宣科、生搬硬套、枯燥乏味。没有丰富书籍润泽的课堂，就是一片智慧的沙漠；没有广博视野观照的课堂，就是一块贫瘠的荒地。我们不能说爱读书的老师就能教好书，但不读书的老师所上的课绝对是平庸的课。

对此，汤勇先生曾在他的文章中写道："在学校里最可怕的是一群不读书、缺乏智慧的老师在拼命地工作着，因为这样的教师会辛辛苦苦地把本来聪明的学生教得不会学习。"的确，我们看到不少这样不读书而拼命教书的老师，把学生好学、好问、好奇的天性全教没了，把本来聪慧的孩子教笨了，他们好心地认真地做着伤害学生的事而浑然不知。

平日，也有的老师问我一个很现实的问题：我在大学学的东西已经够了，还读书有什么用？生理学家巴甫洛夫经常给他的学生讲一个故事："有个人黑夜里在山谷赶路，忽然有神灵在他的耳边说：蹲下去，蹲下去，拣一些东西放在袋子里。这个人不敢违拗神灵的旨意，就蹲下去随便抓了一把东西放在袋子里。走出山谷之后，天亮了，他打开袋子，看看神灵让他拣的是什么，这一看就惊呆了，他捡起的东西竟然是钻石！"巴甫洛夫用这个故事来比喻教育：一个人在早年接受教育时，多是被动的；而到了成年之后，几乎所有人都会后悔自己接受的教育太少。正如中国古语所说："黑发不知勤学早，白首方悔读书迟。"

关于读书，我最喜欢这样一个故事：年老的农场主和他的小孙子生活在农场里，每天早上，爷爷都会早早起来读书。一天，小孙子问："爷爷，我也想和你一样读书，但是我不理解书里的意思，而且合上书也很快就忘了，那读书有什么意义呢？"爷爷把煤添进炉子里，顺手把装煤的竹篮子递给孙子："你拿着这个篮子去河边帮我打一篮子水来。"小孙子拿着竹篮子到河里打水，但他无论跑得多快，回来时篮子里的水早就漏光了……小孙子有些不高兴地问爷爷："爷爷，我无论跑多么快，根本就打不了水，这样根本没用。"爷爷笑着说："你认为这是无用功吗？你再仔细看看竹篮子。"孙子再看竹篮子，发现原来脏兮兮的竹篮子现在已经变得干干净净。其实，读书就是这样的"无用之用"，或许读者不太理解书中的意思，或者无法记住书中的内容，但当一个教师、一个学生在读书时，本身就会发生改变，由里到外的改变。

什么是好学校？好学校有一个共同的特点——它是读书的地方。好学校会培养师生浓厚的读书兴趣，研究并教给学生合适的读书方法，引导师生养成良好的读书习惯。

什么是好教师？好教师也有一个共同的特点，他一定是一个热爱读书的人，是一个对读书有着独特情感的读书人。

什么是好教育？好教育有一条重要标准：就是爱读书的校长和爱读书的老师，带领着一群学生一起读书。

校长是干什么的

开学第一天，天清气爽，春和景明。

清晨，我踏着欢快的步子走进校园，经过教学楼一楼的一年级教室门口时，一位早到的一年级小男生跑出教室，热情地和我打招呼："校长，早上好！"清脆的童声，犹如山间的一道清泉。

我马上微笑着向他问好，并表扬他很有礼貌。但是，他并没有离开的意思，而是仰起头盯着我看了半天，瞪着一双清澈透亮的大眼睛问我："校长是干什么的？"

我一下子愣住了，蹲下身，看着他，与我对视的儿童的眼睛清澈得让我敬畏。小家伙在一学期的学校生活中认识了同学和老师，他大概知道语文老师、数学老师、体育老师、音乐老师……每位老师都代表着一个学科，那是每位老师所做的事情。那校长是做什么的呢？他还真不知道。

我握着他胖嘟嘟的小手说："我是你的伯伯，是你的大朋友，你以后有什么事可以到我的办公室来找我，我的办公室就在对面楼的二楼，第一间就是。还有，我的办公桌上有好吃的糖，你可以到我办公室来吃糖……"我指着对面的办公楼告诉他，他满意地笑了，又似懂非懂地眨巴着眼睛，蹦蹦跳跳地进了教室，却把一个大大的问号留给了我。

校长是干什么的？老师是干什么的？学校是干什么的？教育又是干什么的？这些教育的原点问题我们似乎思考过，又似乎从来没有得到清晰的答案。而这些问题恰恰又是我们时刻要追问的。

回到办公室，我在办公桌前呆坐了半天，一时还回不过神来。校长到底是干什么的？校长到底该干什么、不该干什么？一年级小男生童言无忌的一个问题，倒真是一个教育的终极问题。

校长是干什么的？我想，校长应该是学校里这样的一个人：

他是一个思想者——校长应该是学校的精神领袖，引领着一所学校，引领着学校里的师生精神的生长、成长和发展，把师生不断地带入新的精神高地。

他是一个领导者——他是学校办学思想和教育思想的领导，是学校课程和教学的领导，是师生品格和人格教育的领导，他高举着思想的旗帜走在队伍的前头，领着大伙儿一起往前走。

他是一个行动者——在行走的过程中，目光深邃而坚定，步履有力而清晰，把教育思想和办学思想转化为一个个实在而有效的办学举措和行动，让师生真实受益，让学校稳步前行。

他是一个服务者——心中时刻装着学校，装着每一个老师和孩子，为学校发展师生需求尽己所能，躬身为大家服务而心甘情愿，乐此不疲。

他是一个同行者——他是老师们的伙伴和朋友，是孩子们的亲人和大朋友，与师生一起欢乐而幸福地行走在校园，行走在教育生活的路上，朝浴晨曦，暮看晚霞，共度生命中一段又一段时光……

至于校长具体是干什么的，还真的一时难以言表。他一天又一天，一年又一年地与学校、与师生一起生活，一起往前走，哭过、笑过、累过、乐过、欢呼过、抱怨过、痛苦过、痛快过。然后，他说：我问心无愧！这可能就已足够！

不过，对孩子而言，校长最应该是校园里一个真实的人，是孩子们眼中一个和善的爷爷、奶奶、伯伯、叔叔、阿姨……

坚持100天做一件事

本学期的开学典礼上，我们倡导全校师生共同参与一项很有意义的活动——坚持100天做一件事。

根据学校的倡导，每个孩子都经过自己的思考，确定自己的事项，拟定达成的目标，制定达成目标的有效措施，一个个都有模有样。

有的孩子关注学习，选取的是学习方面的事项，像坚持100天做作业不分神、坚持100天上学不迟到、坚持100天晚上温习当天的学习内容、坚持100天晚上阅读半小时、坚持100天晚上熟记5个英语单词等；有的孩子关注身体健康，像坚持100天每天跳绳100个、坚持100天每天跑步半小时、坚持100天早起锻炼步行到校等；有的孩子关注动手劳动，像坚持100天照看好学校菜地里的蔬菜、坚持100天晚餐后洗碗、坚持100天在家打扫卫生等；有的孩子关注文明礼仪，像坚持100天向家里人和老师同学问好、坚持100天睡觉前送给父母一个大大的拥抱等；有的高年级孩子开始关注世界，像坚持100天看新闻联播、坚持100天看国内外大事等。

在每个孩子确立好自己坚持100天所做的事情后，学校将持续开展中期的阶段反馈和后期的总结反思等活动，让孩子们真正把目标、愿望落实到真实的行动之中。

对好奇、好动、好幻想但注意力又极易分散的小学生来说，坚持做一件事，坚持做好一件事，养成做事能够一以贯之、持之以恒的习惯和品格特别重要。

我坚信：今天孩子可以坚持100天做好一件小事，明天就有希望坚持做好他的本职工作，未来就有可能做出更有意义和价值的人生大事。

让孩子不再到学校"应酬"

有一个小学生，吃晚饭时问了爸爸一个问题："爸爸，'应酬'是什么意思？"爸爸略加思索，以尽可能浅显的语言回答了儿子："不想做，却又不得不去做的，就叫'应酬'。""我懂了。"儿子心领神会地做作业去了。次日清晨，儿子风风火火地吃完早餐，冲着爸爸喊了一声："爸爸，我应酬去了！"便背着书包直奔学校……

这是一则让人笑不起来的笑话，笑话背后的现象却让我们深思：现在的中小学生有多少处在这种"不得不学"的"应酬"状态，他们并非喜欢上学和学习，而是在无休止地"应酬"老师和家长要求他们做的各种功课。那么，如何让更多的孩子真正喜欢学校，不再到学校去"应酬"呢？

学校要有伙伴的融洽。我认为：学校首先是孩子寻找玩伴的地方，孩子喜欢上学首先是喜欢他的小伙伴，有伙伴是孩子上学最大的吸引力。学校要做的就是尽可能开放时空，多给孩子与伙伴间自由玩耍、自由交往的时间和空间。同时，学校要尽可能地加强班集体建设和学生社团建设，增强团队的凝聚力和吸引力，把孩子聚集和吸引到团队中来。

学校要有教师的笑脸。师生关系是学校里最重要的人际关系之一，教师的笑脸是让孩子喜欢学校的最重要因素之一。教师的善良、宽容和笑容足以让学生身心愉悦。老师摸一下低年级孩子的头，拍一下高年级学生的肩，足可以让学生感受到信任和鼓舞。学生年龄越小，老师的非教学影响力就越大。我们都知道"亲其师，信其道"的道理，学生也会"亲其师，爱其校"。

学校要有课程的丰富。孩子上学大多数时间还是在教室和课堂上度过的。我认为：好学校首先是"上好每门学科的每一堂课"，彰显学科特质和本色，语文的激情飞扬、数学的严谨睿智、体育的热情奔放、音乐的余音绕梁都会让学生为之留恋，为之着迷。

学校要有课堂的生动。如何让课程丰富起来，就要靠每一节课的生动落地。教师要彻底摒弃让学生望而生厌的"满堂讲""满堂问""满堂演"，课堂要从"讲堂""演堂"走向真正的"学堂"。教师要尽可能采用自主、合作、探究等现代学习方式，引导学生自主学习、合作学习、探究学习，让学生站到课堂的中央、站到学习的中央，从传统的"学会"走向"会学"。这样，学习本身就会充满无穷的乐趣和内在魅力，让学生乐此不疲，流连忘返。

学校要有环境的美好。良好和谐的人际关系、丰富的课程教学对学生具有内在的吸引力，同时，学校还需要精心设计外在的校园环境，给学生提供玩耍、游戏和交往的地方。一些学校为了所谓的学校安全，直接违背了教育规律，把一些本该有的体育场地硬生生取消了，把一些体育器械硬生生拔掉了，画地为牢地把学生管住了、管"乖"了，让校园变得坚硬而冰冷，让学生望而生畏。

我一直认为：让孩子喜欢上学、喜欢学习、喜欢老师和同伴是办好学校最重要的衡量标尺。因为学校不仅是孩子读书、学习的场所，更是孩子玩耍、交往的地方；不仅是学生学习功课的场所，更是学生生活的地方。

　　一所学校，有了伙伴的融洽、老师的笑脸、课程的丰富、课堂的生动、环境的美好，就一定会让学生为之流连，为之着迷，一定不会让孩子再有"应酬"的感觉。

"校长聊天课"聊出了什么

　　在我的心中，一直有这样一幅美好的教育图景：老师和孩子们坐在校园的大树底下、草地上、长椅上，自由自在地聊天。不仅聊学习、聊品行，更聊生活，聊梦想，聊未来，聊美好的诗和远方。

　　本学期，我校创立了一门课程——"校长聊天课"，就是由校长、副校长走到班级里去，与孩子们自由地聊天。今天，我就和五年级一个班的孩子们一起上了一节"校长聊天课"。

　　"校长聊天课"聊什么呢？我选取了每个孩子都有话可说、心中各有答案而平时又很少深入思考的三个问题：我是谁？我为什么要读书学习？我心中的偶像是谁？

　　当聊到"我是谁"这个话题时，不少孩子踊跃发言，纷纷介绍自己的姓名、特长、爱好等。我这时进行引导：每个人都要认清自己，要认清自己的优点、缺点，自己所处的环境，自己的理想追求，自己与他人的不同之处。"认识自己"是一个人成长的开始，一个人如果不能客观全面地认识自己，就会糊里糊涂、人云亦云、得过且过，也就不能让自己的生命体现出其最大的价值，甚至会迷失自己。

当聊到"我为什么而读书学习"这个话题时，很多孩子谈到周边的人、家里的长辈从小就告诉他们，要好好学习，考高分上好的学校，将来才能找一份好工作，才能出人头地。很少有学生谈到高层次的目标。我适时引导孩子们：学习成绩、分数固然重要，考大学找工作固然不错，但这些只是底线的需求，人还可以为提高自己的素养，成为一个高素质的优秀公民而学习，可以为自己所生长的家乡更美好而学习，可以像少年周恩来那样"为中华之崛起而读书"，更可以为人类的和平、幸福而学习。

当聊到"我心目中的偶像是谁"这个话题时，不出我所料，不少孩子心目中的偶像是影视明星、体育明星、歌星、网红等。我适时引导他们：我们从小要树立远大志向、心怀崇高理想，要以古今中外的杰出人物、伟大人物、为人类作出突出贡献的人为偶像，尤其是要以我们民族、国家的杰出人物、英雄人物、伟大人物为榜样，不能庸俗地"追星"，不能低俗地追捧昙花一现的"流星"，要努力去做毛泽东笔下的"一个高尚的人，一个纯粹的人，一个有道德的人，一个脱离了低级趣味的人，一个有益于人民的人……"

在聊天过程中，孩子们也随机地向我发问：校长，你心目中的偶像是谁？校长，你觉得自己是一个什么样的人？校长，你平时最喜欢读什么书？校长，你喜欢到哪些地方去旅游？我与孩子们坦诚地交流和碰撞，笑声和掌声不断地响起……

这堂"校长聊天课"其乐融融又各有所思。我相信，如果多一些这样的"校长聊天课""教师聊天课"，一定会给孩子们打开教材之外、课本之外、学科之外的一扇扇窗户，让他们看到更广阔的世界，思考更辽远的未来……

独立学习日

孩子从呱呱坠地的那一刻起，就开始用他的本能在认知，用他的方式在学习，用他的眼睛在看世界。

孩子是天生的学习者。

然而，在进入学校的学习中，很多时候，我们担心孩子不会自己学习，往往以教师的"教"代替学生的"学"，往往追求"教"的效率而忽略"学"的过程，往往关注学生的"学会"忽视学生的"会学"。我们的老师很多时候好心地"剥夺"学生自我学习的机会，牵着、拽着甚至拖着学生在学习，越俎代庖地"喂食"。

针对以上的现实状况，我们学校自去年起尝试开展每月一次"独立学习日"的活动。每月用一天的时间，充分地把学习的自由权、自主权、选择权还给孩子们。

在每次开展"独立学习日"活动之前，老师们都会认真地开展专题教研，精心设计"独立学习日"的内容和方式，有对前期所学内容的整体回顾、梳理，有对学科学习方法的总结、提炼，有用学到的学习方法进行自主拓展性学习，有跨学科设计的主题活动、项目学习……不同的年段、不同的学科都能根据学段和学科特点来进行设计，每一间教室、每一堂课都能用不同的方式来表达独立学习的内涵，每一个学生、每一个孩子都在用自己的方式来沉浸在独立学习之中。

瞧！语文课堂上，孩子们有的正在利用网络图来梳理前期所学文章，有的在进行"有趣的汉字"专题学习，有的在自己制作"感恩贺卡"，有的在设计一份期中考试试卷。走进数学课堂，学生们有的在整理前期所学的知识点，有的用思维导图在比较解题策略，有的在收集课本、练习本上的错题，开一个小小的"错题银行"，有的则以小组为单位进行讨论和互评。而其他学科的课堂更是丰富多彩，体育课变成了一场小小的运动技能展示会和体育运动项目设计赛，音乐课开成了一次像模像样的、由学生自己设计的音乐会或舞林大会，美术课上更是独立创作，精彩纷呈。

教育的本质是尊重，是唤醒，是激发。独立学习，尊重了孩子的身心成长规律和教育规律，尊重了孩子的天性；唤醒了师生对学习本质的深层思考，对教育原点的思考；激发了师生教与学的自主性和创造性。

一切学习归根结底是自我学习。独立学习日，让学生慢慢体悟到如何管理自己的时间，如何选择自己的方法，如何规划自己的学习，从而达到更有效的学习——而这，恰恰也是我们的终极追求：让孩子站在学校的中央，让学生站在学习的中央，让他们由"学会"走向"会学"……

中国儿童的校服

近日，有一家报纸专题讨论中小学生校服的问题。

说起校服，我脑海里马上浮现出这样两组画面：多年前，中小学生的校服基本上是清一色的运动服，运动服虽然穿起来很随性，学生运动和活动时很方便，但缺乏美感，不少学生穿在身上松松垮垮，显示不出少年儿童的活泼、朝气，也不太受孩子们的喜爱。近些年，一些学校开始想着与国际接轨，尝试着让校服变得更有美感，更受孩子们喜爱，于是，刮来了一股"欧美风""英伦风"，校园里、大街上处处可见异域风格的校服。

异域风格的校服乍看上去的确比运动服多了美感，但我总觉得少了些什么。少了什么呢？在全党、全国上下都拥护"四个自信"的今天，这样的校服是不是少了一点我们的文化，少了一点我们民族的东西？

于是，我请来学校的家长代表，向他们表达了我的想法——想设计一套具有我们民族风格、体现我们优秀文化特色的校服。我的想法即刻得到家长们的一致赞成——孩子们如果穿上我们民族风格的校服，一定会很美，也能更好地让孩子从小耳濡目染，充分体验我们民族优秀文化的魅力，从而更爱我们的国家、我们的民族和我们的文化。

说做就做，在家长们的组织下，厂家专门为我们设计了一套"中国风"的校服。虽然在试穿样衣的时候，还有一些不尽完美的地方，但我从孩子和家长的眼中，看到了一种让我们欣喜的光，那是一种文化自信、民族自信的光芒。在与家长们讨论的时候，我一再表达我的观点：这套校服的设计要体现这样一个理念——"中国的儿童"！首先，它必须是中国的，要能充分体现我们的文化特色、我们民族的风格，它是一种"中国风"。同时，它必须针对儿童的年龄特点，符合儿童的心理和审美，体现儿童天真、活泼、好动的天性需求……

犹记得张明敏先生那首《我的中国心》歌词："洋装虽然穿在身，我心依然是中国心，我的祖先早已把我的一切，烙上中国印！""流在心里的血，澎湃着中华的声音，就算身在他乡也改变不了，我的中国心！"是呀！就算穿着洋装、身在异乡都能坚守一颗"中国心"，何况我们的孩子生长在我们的土地上！我更希望我们的孩子——站立在我们的土地上，穿着我们的中国装，永远保持一颗中国心！

我相信我们的"中国风"校服一定会很美！很中国！

我相信我们的孩子一定会有一颗坚定的中国心！

赠新书仪式

记得我们读中小学的时候，对新学期发的教材充满敬意，在新教材发放和使用的过程中充满了仪式感。

新学期报名的时候，母亲会提前把书包洗晒得干干净净，开学都会背上干干净净的书包去报到，哪怕是旧书包、打上补丁的书包也绝对被洗得干净发白，闻起来还有阳光的味道。在学校领到新书回家，我们迫不及待、不约而同地做着一件事，那就是给新教材"包书皮"，用干净的纸张把新书的封皮包得齐齐整整，四个角抻得平平展展，再在包过的"书皮"上工工整整地写上自己的姓名。同学见面还要认真地比一比谁的手更巧，谁的"书皮"包得更漂亮。

但是，这份对新书的期待、敬意变得越来越淡薄。"包书皮"基本成为历史记忆，因为有很多设计新颖的"书皮"可买，再也不用动手去包了；学生的书包也不用洗了又洗，买一个新书包成为寻常之事；而每学期学生报到之后领新教材，在大多数学校和班级也很平常和随意，似乎新学期报名和领新教材再也难以让孩子们兴奋和激动。

本学期开学，我们精心设计了一项活动——"赠新书仪式"。不再像往年那样，由老师和同学把一个班级的各学科教材集体领到班上，很随意地发到学生手上。而是由各学科老师和学生代表、家长代表一起，把每个学生的各学科教材用红绸带精心包捆好，由各学科老师一起给每个学生赠发精心包捆好的教材。学生穿上整齐的校服，戴好红领巾，双手举过头顶去接新书。同时，还给每个孩子拍下接新书时的照片……整个过程，充满了仪式感。有的年级和班级还让学生回家动手给新书"包书皮"，把劳动教育有机地渗透在这次发新书活动中。

据说犹太民族有个习俗，在孩子出生后不久，母亲就会在书上涂上蜂蜜，让孩子去舔书上的蜂蜜，通过这一舔，让孩子从小对书产生美好的第一印象：书是甜的！当然，书中的知识和读书的味道也是甜的。

愿我们的赠新书仪式能让孩子对书籍，对知识、智慧和学习产生更深的敬意，让孩子们能更好地品味读书和学习的味道。

黑板日

我校的第一个"黑板日"。

本学期，我校推出了一个新的举措——"黑板日"，每周的星期四全天，所有的学科和班级均不得使用电子教学设备，就用最质朴的黑板和粉笔来教学。此举旨在适当控制电子屏幕的使用时间，保护学生的视力，保护学生身心健康，让教学回归本质，让教育回归质朴。

我曾多次呼吁：投影、电子白板、一体机等现代教学设备，仅仅是一种辅助教学设备，是一种辅助教学手段，它们只是手段和工具，并不是目的，人和人的成长才是目的。但是，在日常的教育教学中，不少老师已频繁地使用这些电子教学设备，有些老师偏颇地认为使用电子教学设备来得直接，来得快，好像可以提高教学效率。殊不知有些教师对此产生了依赖。而大量地使用电子教学设备，对学生的视力会产生一定的影响，往往几节课下来，学生的眼睛就会疲劳不堪。

追求并非真正意义上的教学效率，过量使用电子教学设备，对学生的视力造成影响甚至是伤害，实在是舍本求末，得不偿失。

　　我曾多次跟语文老师讲：在语文教育中一定要重视保护、培养学生的想象力。上老舍先生笔下的《草原》一课，全班40个孩子随着老舍先生的笔触和文字走进草原，透过先生的文字，其实40个孩子脑海中就会有40个形态各异、姿态万千的草原。但是，一旦语文老师使用了电子设备，使用了课件，播放了形象具体的视频，全班40个孩子脑海中就可能只剩下一个固化的草原样子，这对学生的想象力就是一种伤害甚至是扼杀。所以，在语文课上一定要少用、慎用多媒体教学手段——保护学生的想象力，保住语文学科本色。

　　在科技日益发达的今天，我们无法拒绝网络和多媒体教学手段，但手段永远只能是手段，不能对其产生依赖，更不能过度地使用，导致对孩子身心健康、想象力等的伤害，以至远离教育教学本质，本末倒置。

　　而我们推行"黑板日"也是为了给师生们一个提醒和倡导：对电子教学设备和现代多媒体教学手段的使用一定不能过量、过度。要知道，黑板和粉笔是最古老的教学媒体，也是最现代的教学媒体，更是最常规、最重要的教学媒体。

　　我们要留一块黑板给未来！

　　我们要不断重温习总书记的指示：全社会都要行动起来，共同呵护好孩子的眼睛，让他们拥有一个光明的未来。

爸爸接送日

曾有人这样形象地描述当下的家庭教育现象：爸爸缺位，妈妈焦虑，孩子崩溃。

的确，在当下的家庭教育中，爸爸缺位的确非常普遍。接送孩子上学的除了老人多是妈妈，爸爸鲜见身影；开家长会时，绝大多数是妈妈参加，几十个学生的班级只有几个爸爸点缀其间；学校开展大型活动时，能一起参与的家长也多半是妈妈；公益家庭教育讲座、学校的家长学校来听报告的也基本上是妈妈或者老人。

爸爸去哪儿了？是在为工作辛勤忙碌？在为应酬而脱不开身？在为网游而奋力拼杀？其实，归根结底还是认识和理念上的偏差：有的爸爸将事业放在第一位，认为当一个好爸爸就是要多挣钱，给孩子提供良好的生活条件和教育条件；有的爸爸认为陪孩子是女性的事，中国民间自古就有"男主外，女主内"的说法，有的爸爸就错误认为养孩子、带孩子、陪孩子是婆婆妈妈之事，妈妈做就行了；有的爸爸不善于表达父爱，妈妈一般都不吝啬自己对孩子的爱，对孩子说无数次"我爱你"都不嫌肉麻不嫌烦，但很多爸爸都鲜于也不善于表达对孩子的爱，不善于陪伴孩子。

其实，爸爸在育儿路上起着举足轻重的作用，爸爸对孩子的成长有着极大的影响力，这种影响涉及孩子的智力、体格、情感、性格等多方面，对孩子的独立、理性、坚强、探索、创造等品格起到重要作用，尤其是对男孩子的阳光、阳刚、坚毅、率性、责任感等优秀品质的培养有着极为重要的影响。

鉴于此，我校开展了一项非常有意思、有意义的活动：爸爸接送日。学校明确要求爸爸接送日这天，爸爸必须来校接送孩子，牵着孩子的手送到校门口，拉着孩子的手回家。

这下可热闹了：有的爸爸还是第一次接送孩子，显得特别的激动，也感受到了一种前所未有的幸福；有的爸爸专门向单位请了假，尝一尝接送孩子的味道；有的爸爸还特地从外地赶回，体验一把接送孩子的天伦之乐……更有不少妈妈来找学校，强烈建议这样的活动要定期开展。有的妈妈直接提出，能不能以后每周都有一个"爸爸接送日"……

一石激起千层浪！

我想：爸爸接不接送孩子只是一种外在的形式，需不需要每周有个"爸爸接送日"并不重要，重要的是通过"爸爸接送日"告诉家长们，爸爸在家庭教育中的作用非常重要，绝不可缺位；通过"爸爸接送日"提醒爸爸们，工作再忙，也要多抽时间陪伴孩子的成长，更好地尽到爸爸的责任。况且，我们也不提倡中高年级的家长接送孩子，孩子到了一定年龄，完全可以自己独立上学回家。

我想：只要家长们尤其是爸爸们的观念到位了，观念改变了，爸爸接送和陪伴孩子就会逐渐成为常态。到那时，"爸爸接送日"活动就会退出历史舞台，每一天都是真正意义上的"爸爸接送日"和"爸爸陪伴日"。

我相信：如果更多的学校开展类似"爸爸接送日"这样的活动，将会在全社会逐步营造一种家庭教育的良好氛围，对家庭教育的健康发展起到一定的正向引导作用。

我更相信：学校教育是可以在一定程度上正向影响、引领家庭和社会的——因为，我们更专业，我们更接近教育的本质。

班上桌椅该不该一般齐

我有一次随机去一个班听课。

听课过程中，我顺便观察了班级的文化布置。看着看着，我发现学生的课桌椅摆放非常整齐，而且全班的课桌椅一样高。这样，矮个头的同学坐着脚不能完全着地，高个子的同学腿伸得老长。班上看上去是很整齐清爽，但我总觉得不对劲。

下课后，我又请了几个不同身高的同学调换座位试了试，依然是刚才我看到的情形。看来，班上桌椅的高度是依据本班学生的平均身高（或者中等个学生身高）来设定的，没有充分考虑到矮个和高个的同学。

我又请后勤部门的老师来到现场，他们反复观察后也发现了这个问题。原来他们在给班级调配桌椅时，考虑到了低、中、高年级学生的身高差异，低、中、高年级学生的课桌椅高度是不一样的，但没有充分考虑到同一个班里学生身高的差别。

于是，经过大家商量，我们着手对班上桌椅进行调整，把一个班的桌椅分为三种不同高度：较低、中等和相对较高，让矮个头的同学坐较低高度的桌椅，较高个子的同学坐相对较高的桌椅。这样，让每个同学都能坐到适合他身高的桌椅。

这样调整后，从班上整体来看，桌椅确实参差不齐，好像没有原来那么整齐好看，甚至有点乱，有点"丑"，但对每个孩子来说，他们坐得更适合，更舒适，也更能保障身体的健康发育，保护视力健康。

这时，有的班主任老师提出来，如果学生调换座位怎么办？我就又和班主任一起商量：在调换座位时尽可能调换左右方位而不大幅度调换前后方位，如果实在需要调换，也可以采取桌椅随人走的办法。当然，最关键的是尽可能让每个人坐到适合自己学习的位置。

又有的班主任提出来，学校绝大多数班级采取的是小组围坐的方式，以便更好地进行自主合作探究学习，四人小组不可能按身高来组合，那同一个四人小组内桌椅不整齐怎么办？经过现场摆放，我们发现，四人学习小组内即使桌椅高矮不一，也不会对学习产生根本性的影响，桌椅高度不一致的学习小组虽然看上去有点别扭，但在小组合作学习过程中也还是挺自然的。

一个班的桌椅是追求整齐好看还是因人而异，这确实是个容易被忽视但不能不重视的问题。

而这个问题的答案是不言而喻的：我们的学校和班级，到底是为学生的真实学习、健康成长考虑，还是为了外表的整齐好看考虑？到底是把学生的实际需求放在心中，还是把外人的印象放在心中？到底是整齐划一地管理，还是满足每个人的不同需求？

与一位家长的对话

一天，一位四年级学生的家长按预约的时间来到我办公室，和我探讨孩子的教育问题。

这个家长一开始就很焦虑地谈了他的苦恼：他的孩子现在语、数、外等科目都报了校外培优班，孩子的空余时间被安排得很满，但孩子的学习成绩似乎并没有多大的提升，而且对学习越来越提不起劲。家长让他去他也按时去，但基本处于应付状态，时不时还抱怨两句。家长对此也感到十分困惑。

我当即给他分析，小学生上语、数、外等学科培优班，多半出于两个原因：一是迫于家长的硬性安排和压力，迫不得已参加，并不是心甘情愿，也并非感兴趣，这样导致孩子基本处于应付状态；二是空余时间得不到很好安排，在家庭和社区也没有合适的玩伴，到培优班上课期间可以有伙伴一起玩一玩，到培优班起码比孤零零待在家里更好。

接着，我又给他分析了要不要上学科培优班的问题。对小学生来说，不分青红皂白地上培优班，仅仅是为了跟风和攀比上培优班，没有太大的必要。除了少数孩子对某一学科特别感兴趣，出于兴趣和自愿上培优班外，大部分孩子都是在"陪太子读书"，没有实质性的作用，弄不好还适得其反，让孩子学习兴趣和学习自信心受挫。小学生的学习关键还是在课堂，还是在课堂学习的效率和效果，保持兴趣、养成习惯、按部就班、循序渐进即可，没必要盲目跟风，更没必要拔苗助长。

那孩子的空余时间怎么安排呢？总不能盯着电视、挂在网上吧？这位家长的现实困惑和矛盾，的确具有普遍性，孩子双休日、节假日不上培优班可以干吗？他又能到哪里去呢？就此，我给这位家长提了四点建议。

第一，应该让孩子多参加体育锻炼。可以让孩子选择一两项他喜欢的体育项目参加练习，尤其是团队性的体育项目，像篮球、足球等，既可以学习技能、增强体质，还可以学会交往、合作。家长也应该多抽出时间，创造机会，多带孩子走出家门，走出社区，走向大自然，去开展交友、登山、野炊等有意义的活动，既可以亲近自然，锻炼身体，又可以增进亲情。

第二，应该让孩子多进行课外阅读。可以通过多种方式、多种渠道引导和鼓励孩子阅读，这种阅读不局限于语文学科的文学阅读，它应该是一种全学科的阅读，除了文学阅读外，还可以有数学、科学、艺术等方面的书籍阅读。家长也应该适当安排时间，和孩子一起走进图书馆、科技馆、艺术馆、博物馆等场馆进行拓展性阅读、实践性阅读。同时，"读万卷书，行万里路"，在条件具备的情况下，还可以带孩子或者让孩子走向更加广阔的天地和世界，去旅游，去阅读世界和社会这本大书。

第三，应该让孩子多接触艺术。无论是音乐艺术、书法艺术、绘画艺术还是其他门类的艺术，只要学生不排斥，都可以广泛接触，然后可以根据孩子的兴趣由他自己来选择。学艺术有个基本前提，那就是摒弃功利，尊重兴趣。千万不能功利地跟风、考级，不能为了学技艺而学艺术。依我而言，我还是建议孩子从小学一开始就学学书法，学书法对静心学习、修身养性很有好处，而且对一个面向未来、走向未来的中国人来说，学好书法终身受益。

第四，应该让孩子多动手实践。动手实践包括两个方面：一方面涉及到学科的动手学习，如科学学科可以在家做一些科技小制作、科学小实验、科技小发明创造等，也可以进行科学项目研究，进行科学观察、写观察日记等，数学学科也有很多数学益智游戏可以动手做一做。另一方面就是让孩子多动手劳动，多做力所能及的家务劳动，多参与力所能及的社区活动和社会实践活动。

这位家长紧锁的眉头逐渐舒展开来。

我想：比起"跟风、攀比、功利、近视"的语数外学科培优，"多锻炼，广阅读，学艺术，勤动手"对学生成长更有作用和价值。

学生座位怎么排

排座位，看似一件小事，实则是班级管理和学校管理中的一件大事。

在教室这样一个特定的空间里，如何排座位不仅关系到学生的课堂学习情绪、态度、效率，而且关系到班级管理是否公平公正、家校关系是否和谐通畅等问题。不少班主任在排座位时会遇到一些难以调和的矛盾，甚至有的迫于来自外部的因素使排座位变得复杂。

目前尚存在两种为人诟病的排座位方式：第一种是根据学生的身份背景排座位，第二种是根据学生学习成绩好坏排座位。第一种根据学生的身份，或者准确地说根据学生家长的身份排座位，很明显是不公平的，这种做法直接违背了教育工作应具备的基本的正义精神。第二种根据学生成绩好坏定座位，看似公平公正，实则是对教育公平的一种误读，是成绩至上的功利主义使然。

那到底该怎样排座位呢？我认为，班级排座位可以遵从以下三个原

085

第三章　留一块黑板给未来

则：一是公平。为做到尽可能相对公平，可采取轮换座位的方式，定期轮换座位，如果班级用的是小组合作学习的围坐，则可以采取以小组为单位的轮换座位方式。二是尊重。在定期轮换座位，确保相对公平前提下，对有特殊原因需要适当微调的同学，班主任老师可征求同学们的意见，尊重同学们的权利，让同学们举手表决需要关爱的同学和微调的办法。三是关爱。对个别因身高或视力问题需要特别关爱的同学，在取得全班同学共识的情况下，可以根据其身高、视力等特殊情况予以适当关爱，这也是进行班级集体主义教育和团队精神培养的一个良好契机。

有个别中小学班主任老师排座位的创新举措也值得借鉴，如有的班主任老师不固定学生座位，实行"自主座位"（类似于大学上公共课），每天由学生先到先坐，后到后坐，学生每天的座位可能不一样，这样做既可以在一定程度上调动学生上学的兴趣，又让学生在不断变换同桌中学会交往沟通，尤其是从此淡化座位，淡化了特权和功利。同时，在这个过程中，老师积极引导学生为身高、视力上有困难的同学让让座、换换座，这又是一种很好的团结友爱的教育。

排座位之事，看似小事，实则折射出一所学校的治理理念、一个班级的管理理念和一个班主任的教育境界，真是"教育无小事，事事皆学问；教育无闲事，事事能育人"。

学生看得懂、记得住吗

有一次，我参加某校的督导评估。讲解老师非常自豪地把我们领到学校的理念墙前，滔滔不绝地讲起学校的办学理念。这面墙经过精心设计和打造，做得十分华丽夺目，办学理念的文字也是提炼得很精炼、很系统。下课的时候，我悄悄地找了两个同学，问他们学校的办学理念是什么。他们指了指那面墙：都在那里。我又问，你们记得住吗？他们不好意思地摇了摇头。看来，这么华丽的一面理念墙，仅仅是校长和学校一部分人的理念，并未真正深入到师生之中。像这样对学校的办学理念入眼未入心的现象倒真不是个案。

还有一次，我到一所学校参访，看到学校的楼道文化做得特别丰富，在上下楼的楼梯、走廊的顶部都精心布置了古今中外的名人名言，而且设计得相当精美。我抬头望着这些名人名言看了半天。这时，有几个低年级的小朋友刚好路过，我指着头顶的名人名言问他们：你们知道这些牌子上写了什么吗？小朋友天真地踮起脚尖，努力地想看清上面的字。我见头顶的字离他们实在太远，就念起了其中一句，问他们：你们知道刚才这句话的意思吗？他们又天真地眨着眼睛，不好意思地跑开了。花了那么多钱做如此精美的楼道布置，居然离学生那么远，学生小小的个头根本看不清，就算看得见也根本不知其意义。这样的楼道文化是装饰品还是文化？学生看不见、读不懂的东西能算学校文化吗？

昨天上午，我在一个班级听课。听课的过程中，我盯着黑板上方的班训看了良久。这个班的班训是按照学校要求，由班上的同学用毛笔书写的，字写得挺漂亮。我小声地问我旁边一个学习小组的同学：你们班的班训是什么呀？几个同学略显惊奇地看着我，眼中露出茫然的神色。原来，高高挂在黑板上方的班训并没有被同学们牢牢记住，更不能起到班训应有的凝聚、引导、激励作用。像这样挂在黑板上方的班训，在很多学校、很多教室里都会有，但有多少班级的班训是真正让学生参与制定、民主产生，并能让学生记住且在班级文化建设中起到应有的作用呢？我想，大多情况下，挂在黑板上方的班训只是几个文字、一个摆设，师生对此熟视无睹、"见之任之"。

像这样的装饰、摆设在学校还有多少？像这样学生看不清、读不懂的文字在学校还有多少？像这样美其名曰"文化"实质上只是形式的东西在学校还有多少？我们口口声声喊的学校文化，甚至花不少钱打造的学校文化离学生到底有多远？

我想：真正的学校文化应该是从学生中来，到学生中去的；真正的学校文化是原生态的、质朴的，是不用请人打造、花钱打造的；真正的学校文化是能让学生看得清、读得懂、记得住的……

该请谁设计

一位校长朋友打电话给我，说她的学校新增了一个校区，一直忙着做学校文化。前不久，专门请了两家公司来给学校做文化设计，她想请我看看哪家的设计更好。

我仔细地看了两家公司的设计方案，两个方案都还不错，从理念体系、学校标识系统、育人环境系列到校园景观设计等，考虑得都比较周到，就方案设计而言是很好的，但设计得好的方案就是好的学校文化吗？

在电话中，我首先谈了我的一个观点：不花钱、少花钱、自己想、自己做的才是真正的文化，而请人设计、花钱做的东西不一定是学校师生心中的东西，更不是师生自己的东西，那并不一定就是文化，充其量是比较漂亮、好看的装饰品。

譬如说学校的理念文化，就可以发动学校的管理层、教师和学生，收集学校现有的一些零散的想法和做法，先自己反复讨论提炼，再邀请学生家长、社区人士、社会人士，甚至是已经毕业的学生，请不同层面、不同身份的人共同参与研讨，这样的办学理念来源于办学历史，来源于文化积淀，来源于对学校更熟悉的人，就会更接地气，更有认同度，更富有生命力。

再譬如学校的标识系统，班级文化像班标、班徽、班训、班牌、班规等完全可以放手交给班级，由班级的所有任课老师和学生一起来讨论、构想、设计和制作，充分发挥师生的聪明才智和原始创造力，这样做出来的东西看上去有点粗糙、有点原始，但恰恰体现了师生意愿，体现了班级特色、特点，也体现了师生的创新思维，而学校的校标、校徽、吉祥物等同样可以采取这样的方式，由师生来设计、竞赛、投票、选择。

还譬如学校的专用教室设计，则可以由该专用教室的使用者来组织设计，由专用教室的使用教师带着学生尤其是学生社团的孩子来构想，相信他们会像对待自己家里装修一样，认真地、专注地思考，因为这是他们一天天度过教育生活的地方，怎么会不用心呢？

到底什么是学校文化？学校文化到底是谁的文化？学校文化到底是为了谁的文化？请人设计的学校文化能够深入人心吗？这些问题其实很值得我们教育工作者思考。

我想：学校文化首先应该是"学校中人"的文化，是学校中生活的人中间生长和生成出来的原生态、生长性的东西。学校文化应该从学校历史中来，从办学沉淀中来，从学校师生中来，从熟悉学校的家长、社区人士中来。学校文化没有高低、好坏之分，关键要来自于我、属于我、适合我、我认同。请人设计很可能会成为挂在墙上的装饰，而不能成为进入师生心中的真正文化。

该请谁设计？就应该请我们自己来设计！

每个人都重要

学校要重新修整校史馆，在整理校史资料时，有一个问题引起了我的思考。

我们学校的原校史馆同大多数学校类似，在呈现教师队伍时，主要展示的是历任校长、办学历史上的一些名师、一些受到表彰奖励的教师，以此显示学校教师队伍建设的成绩，也从侧面显示学校的办学水平。

难道学校的发展只是由校长和名师造就的吗？难道大面积的普通老师没有为学校的发展作出贡献吗？难道学校不是靠一代代、一批批默默无闻、埋头实干的一线教师支撑的吗？

我们的校史馆是尽可能呈现校史的全貌还是精彩片段？是呈现"土地的宽厚"还是"星星的耀眼"？是呈现少数人的校史还是大多数人乃至每个人的校史？

至此，我又联想到有些学校所做的"校庆"，一些学校的校庆其实是一场少数优秀毕业生的集会，能受到邀请并荣归母校的多半是当年的优生、今日的名流，而大多数普通的毕业生是难以受到邀请也无颜见"江东父老"的。与其说是办校庆，不如说是一场毕业生的"选秀"活动，甚至把当年在校时的分数竞争、排名竞争，延伸到毕业后社会地位的竞争。而这，实在不是学校和教育的本义。

"办一所自然状态的学校，办一所孩子喜欢的学校，办一所我们大家的学校"一直是我们的办学追求。这个"大家"包含学校的师生、家长和每一个关心学校、每一个和学校有关的人。每个人都是学校的主人，每个人都在场，每个人都有资格、都有权利进入校史馆。

经过商议，我们决定在呈现教师队伍时，先突出教师群体，把我们学校每年给全体教师照的"全家福"放在最显眼、最重要的位置。然后呈现教师团队，对历年来各个方面的教师团队进行梳理，如课题组、优秀教研组（备课组）、教师社团、教师工作室团队等，陈列在醒目位置。最后才是历任校长和有代表性的教师个体。因为没有土地的宽厚、星空的灿烂，就没有耀眼的"明星"。

其实，在一个组织中，有优秀的群体才有突出的个体，有优秀的团队才有卓越的个人。

在我们的工作中，要时常考虑"每个人都重要""一个都不能少"！

为什么要有学生社团

有一天，我在一家小吃店吃饭。

正吃着的时候，走进来一个中年男子，提着一个琴盒，旁边跟着一个小姑娘，一看就知道刚参加过训练或比赛演出。但这个小姑娘嘟着嘴不开心。听他们的对话，原来是这个小姑娘刚参加了小提琴的考级，没有考过。中年男子对女儿说了这样一番话：爸爸当年让你学小提琴，不是为了让你过级。爸爸是希望你长大以后，爸爸妈妈也不一定在你身边生活，你哪一天觉得开心或者不开心了，把琴盒打开，为自己拉上一曲，音乐流淌出来，环绕着你，就好像好朋友在你身边，好像爸爸妈妈在你身边，你感到很舒服，很幸福，这就足够了……

听了这位爸爸一番话，我不禁暗暗地为他竖起了大拇指。

此时，我想到这样一所中学：下午3点半之后，教室关门，学生一律去参加课外活动，去图书馆、上操场、去唱歌跳舞……晚6点晚餐，7点到

9点晚自习，9点半熄灯。这就是张伯苓先生创办的南开中学。南开中学尤其重视体育和课外活动：学生每天都有近两小时的体育锻炼时间；学校的田径比赛项目可与当时的清华、北师大抗衡；话剧表演在全国居领先地位；还有绘画、音乐、摄影、天文、演讲、无线电等社团活动。各班都有壁报，同学们经常发表演讲和进行学术辩论……这样的教育，做到了让学生以最少的时间和精力，获得最大的自由发展和高效学习。这样的教育，从不加班加点，有张有弛，张弛有度，创造学习的奇迹。

由此，我又想到现在中小学普遍开展的学生社团活动。虽然很多中小学都重视学生社团建设，但到底为什么要有学生社团，却没有想明白。有的是为了应付上级要求，做一做样子；有的是为了跟风，别人有我也要有；有的是为了拿比赛成绩，装点学校门面；有的是为了社团而社团，为了活动而活动……那么，一所学校为什么要有学生社团和社团活动呢？

一是发现并培养兴趣。通过组建学生社团，开展社团活动，可以发现学生的兴趣所在，并通过不断培养和提高兴趣，慢慢地形成一项爱好和特长。当然，兴趣不是一成不变的，学生可以不断地进行尝试，发现自己真正的兴趣所在；兴趣也不都是天生的，社团的氛围和老师的培养也可激发兴趣；爱好也不是一蹴而就的，需要较长时间的坚持，循序渐进。

二是培养团队精神。学生社团的成员可能来自不同年级、不同班级，但它一定首先是一个团队。在学生社团这个团队中，来自不同年级、不同班级的成员需要经过磨合，逐渐融入这个团队，并在团队中慢慢适应和成长。社团的指导老师和成员一起慢慢营造出一种团队氛围，并不断强化团队意识，形成一种可贵的团队精神，这种团队精神又不断激励着团队成员，也吸引更多的同学向往并加入。

三是参与竞赛活动。学生社团不只是关起门来训练，更需要走出校门，走向展示的舞台。让社团参与展示和竞赛活动，就是要给孩子一个个舞台和平台，让他们经历赛前的刻苦准备，对比赛活动的期盼，比赛中耕耘收获的深刻体验，比赛后老师和同伴的赞赏和认可等，从而让他们在比赛过程中见世面、长见识、树自信。这些宝贵的经历和可贵的品质，有些是在校内、在课堂上无法培养和达成的。

四是展望未来幸福生活。就像前面小故事中那位爸爸所讲的，参加社团活动并不一定非要去考级，非要去拿冠军，关键是拥有一项兴趣爱好或一个突出特长，在未来的人生中，你就会多一份幸福，多一点品位，多一项能力。而在一个未来不一定每个人都能成功的世界，你拥有一种从小积淀的获得幸福的能力，你的人生就会更加多姿多彩。

为什么要有学生社团？既有最初的兴趣和快乐，也有过程中的努力和坚持，还有收获时的喜悦和自信，更有未来生活的品位和幸福。

学生社团到底是为谁而建

在人们的习惯性思维中,学校的学生社团一般会招收在某方面有兴趣、有特长的优秀学生,可以满足这些孩子的兴趣需求,可以帮助他们发挥特长,还可以让他们在特长比赛中脱颖而出,获得一定的奖项和成绩。

这种惯常思维无可厚非,学生社团从传统意义上说,就是为了满足和发挥学生不同的兴趣特长,让学生都能找到自己的兴趣点,并通过社团活动提高兴趣、发挥特长。学生社团建设和社团活动也是实施个性化教育的重要路径和有效途径。

但在教育现实中,学生社团却难以达到想象中的美好:一些社团辅导老师为了出成绩、获奖项,往往会挑选基础好、特长突出的学生;一些孩子兴趣广泛,各方面特长都比较突出,往往会成为各个学生社团辅导老师争相招收的对象;有的孩子可能同时成为几个社团的成员,训练负担较重;有些孩子没有表现出明显的兴趣特长,难以选入学校的学生社团。有不少学校为了解决这个矛盾，提出让每个孩子都参加社团的工作设想，但实际落实起来却很有难度，不少孩子未能进入学校的社团，就进入年级或班级的社团，这些年级或班级的学生社团，辅导老师力量不足，专业性不强，多半流于形式。

怎么办？

近一段时间，我一直在琢磨学生社团的建设问题，有一天我豁然开朗，能不能换一种思路，换一种思维方式？学生社团难道仅仅是为已有兴趣、特长的孩子提供机会吗？难道仅仅是培养某方面的优秀学生去竞赛获奖吗？有些本身没有什么兴趣爱好和明显特长的孩子，需要在社团里培养兴趣特长的孩子，为什么不给他们创造机会呢？尤其是一些本身发展较慢、条件较弱的孩子，更需要通过学生社团来促进发展。譬如一些体质弱或体形偏胖的孩子，就可以通过体育社团来加强锻炼，增强体质；一些心理健康状况不太稳定、情绪化的孩子可以通过心理社团活动来进行心理调适、心理引导；一些对写作有畏难情绪的孩子可以通过文学社团活动来加强阅读，逐步适应写作……

因此，本学期开始，我们学校的学生社团建设提出了"为不同需求孩子创造机会，让不同层次学生获得发展"的理念，力争使学生社团建设"全面覆盖，有的放矢，培优促后"：一是继续保持原有常态化的学生社团，为有兴趣特长的孩子提供发展的机会和平台；二是适当控制一些优秀学生参加社团的个数、频次，既为他们减轻负担，又让更多孩子获得均等的机会；三是创造性地开辟一些"特别的社团"，如专门为体质弱或体形偏胖的孩子组建体育锻炼、体质提升社团，为心理健康状况不太稳定的孩子组建注意力、专注力训练社团，为对阅读写作有畏难心理的孩子组建阅读写作社团……

尝试一段时间后，我们发现效果出人意料的好：孩子们很喜欢，家长们很支持，社团辅导老师也很欣喜地看到孩子身上发生了变化。

　　这样的社团建设，为不同的孩子创造机会——让强者更优，让中间跟上，让弱者进步。可能这才是真正的教育，真正的公平和优质。

一个校长的"不务正业"

　　近年来，我经常跟老师们、跟朋友开玩笑说：作为校长，我似乎有点"不务正业"。

　　每天早上，我会早早地站在校门口，迎接师生上学。但我的关注点与门口值守的警察、保安师傅、家长和老师不一样，他们的关注点在学生的上学安全，而我的关注点则是学生的基本习惯：学生进校门见到校门口值守的保安师傅、家长和老师是否行礼问好？学生是否自己背着书包上学，而不是家长代劳？少先队员是否正确地戴好红领巾？……遇到个别忘记问好的同学，我会主动向他问好，以示提醒；看到个别忘记戴红领巾的同学，我会把自己手上拿的红领巾暂时"借"给他，让他长长记性；见到个别让家长背书包的低年级小朋友，我会很郑重地告诉他，自己的事情一定要自己做……

　　每天中午，全校大部分学生在学校吃午餐，各个班级每天会派学生轮流到食堂抬取午餐保温箱，保温箱里装着已分装好的份饭，由各班学生抬到教室里分发。每当学生来食堂抬取保温箱的时候，我会早早地站在食堂门口，观察学生的文明习惯和劳动习惯养成情况，及时提醒同学们。午餐后，我会来到各个楼层的餐余垃圾桶旁，看同学们来倒餐余垃圾。近几年来，学校坚持开展"安安静静就餐，干干净净吃完"的教育，要求每名同学"吃多少打多少，打到碗里的饭菜一粒不剩"。如果看到有同学要把不喜欢吃的菜倒掉，我会马上严肃地提醒他——一粒不剩。

每当有空余时间，我就会去学校操场走走，看看体育课上得怎么样。大课间的锻炼时间，我也会走到操场，站在教师队伍里，与学生一起认真地做着广播体操和健身运动——因为在大课间锻炼，我们学校的要求是"师生一个都不能少"。每逢下雨天，我就会特别留意室内体育课上得怎么样，能不能按学校要求做到既有适量室内运动，又不影响其他班级上课……

乍看上去，我似乎有点"不务正业"，因为我所做的这些似乎与分数无关，与考试无关，与传统意义上的教学质量无关。但在我内心深处，我想做的是"好习惯的教育"，想做的是"全面发展的教育"，想做的是"立德树人的教育"。

党员陪伴日

下午放学后，在不少小学和幼儿园门口，经常会看到这样的场景：个别因家长未准时接走的孩子，孤零零地坐在学校门口，眼巴巴地等着家长，而在孩子的旁边，是忙前忙后的保安师傅。

考虑到个别家长不能准时接孩子的实际困难，为了让孩子在风雨天气和大冷天有一个相对舒适的等候环境，几年前，我们学校就在学校门房旁边开辟了一间等候室。等候室内配置了舒适的桌椅、益智玩具和书籍，学生可以安心地在等候室内看一会儿书、玩一下玩具，等着家长的到来。

但即使如此，最后走的孩子依然是孤零零的。有时候，我下班走得较晚，就会下意识地到等候室看一看，看着还未被家长接走的孩子，眼神里满是期盼和落寞，心里总觉得不是滋味。怎么办？能不能每天派一名老师来陪伴这个别的孩子？如果派该派谁呢？

就在前不久的一次主题党日上，一位党员老师的一席话点醒了我。他说：党员的先进性要体现在教育教学工作之中，体现在立德树人的细节之中，体现在良好的师生关系之中，尤其是要关爱和帮助最需要帮助的孩子……是呀！党员教师的党性和先进性，就是体现在把立德树人的根本任务落实得更细更实。当即，我就向全体党员老师发起一个倡议：我们学校将开展一项爱心陪伴活动，由党员教师轮流陪伴下午放学后不能及时被接走的孩子，给这些孩子一份党的关爱、帮助和温暖。

党员老师纷纷响应：有的说可以陪孩子聊聊天，有的说可以陪孩子共读，有的说可以陪孩子做一做游戏，有的说就把这项活动叫作"党员陪伴日"……

昨天，轮到我的"党员陪伴日"，放学之后，我来到学生等候室，最后还有三个孩子未被按时接走，我就和他们围坐在一起聊天，聊他们最开心的事情，聊他们最爱读的书籍和故事，聊他们的理想和未来……聊着聊着，天渐渐黑下来，当家长来接他们的时候，他们似乎还有说不完的话，舍不得走。

一股温暖的力量充满了整个等候室，这份温暖笼罩着孩子们和我。而我，更是从孩子发光的眼神里，享受到一种教育的满足、温情和幸福。

我想：这是一个共产党员可以做的，也是应该做的。

网课中的细节温暖

由于疫情防控的需要，有的学校或班级转入了线上教学，如何确保线上教学全面开课、全员参与，保证学生居家学习质量、身心健康，需要关注一些工作细节。

细节一：关注学生的家庭陪护

学校应首先做一次全面的调查，了解学生居家的家庭成员陪护情况，对大多数由老人陪护的孩子，要重点关注其学习状况；对极少数家里无人陪护的孩子，班主任老师应对孩子进行一对一的居家安全教育，并郑重提醒家长注意孩子居家安全，各科老师共同关注孩子每节课上课情况，并随时对孩子进行安全提示。

细节二：关注学生的学习工具

学校应做一次全面的学习工具情况调查，了解孩子使用的智能学习工具情况，并提醒家长关闭与学习无关的使用功能，教育孩子不使用与学习无关的功能。尤其是要关心个别家庭情况特殊、家里没有配备智能学习工具的孩子，学校应设法帮助孩子借用智能学习工具，保证其正常参与上课，送上一份应有的关怀和温暖。

细节三：关注学生的学习节奏

学校应基本按照课程计划开齐课程，不仅仅开设语数外等文字学科，也要开好体音美等学科，既保证线上教学正规、正常开展，又通过体音美等学科的教学，调节学习节奏，调整学习状态，愉悦学习情绪，缓解居家学习压力。

细节四：关注学生的视力健康

线上学习每节课时间不宜长，对中小学生而言，每节课使用电子屏幕的讲授、互动的时间应控制在20分钟之内。教师在设计教学时要做到"精讲精练，当堂消化"；突出重难点教学，尽可能精简、压缩讲授时间；精心设计、优化课堂练习，尽可能让学生当堂完成。这样既提高单位时间的教学质效，又保护学生的视力。

细节五：关注学生的个别需求

线上学习不要刻意要求千篇一律、整齐划一，可以分类分层、因人制宜，允许和鼓励学生个性化学习：学习速度快的学生，可以按照自己的学习进度，进行自主超前学习；学习速度慢的学生，可以在集中讲授结束后个别辅导；少数视力不太好的学生，可以不看电子屏幕，采取"听"的方式学习；有些学习自觉性强、学习能力强的学生，可以申请不用智能学习设备，由老师提供学习计划和学习任务单，实现自主自觉学习。

细节六：关注学生的学习质效

在每节课"精讲精练，当堂消化"的基础上，每节课后让学生及时把作业拍照上传给老师，每天下午可专门安排一个时段，由语数外等有文字作业的老师集中进行作业反馈、作业讲评和线上答疑，从而让学习的各个环节形成闭环，让学生感受学习的真实性。

细节七：关注学生的心理健康

班主任和所有任课老师应密切关注学生心理状态和心理动向，可在课堂教学设计中适当穿插心理调适的环节和师生互动、生生互动环节。对个别出现心理波动的孩子，班主任老师应及时一对一进行视频谈心，必要时可由学校的心理老师进行心理疏导。学校也应组织开展线上升旗仪式、线上班队会、线上大课间活动、线上集体生日等丰富多彩的教育教学活动，为学生营造"居家不孤单，居家如在校"的良好心理氛围。

雨伞和吹风机

有一天下午放学时，突然下起了大雨，大多数同学都没有带雨具。

怎么办？学校马上发动四十多位老师，拿着学校常年备用的几十把"爱心伞"，组成了一支"护送队"。看那场面还真有点壮观：四十多把雨伞连成一条队伍，每个老师牵着一两个孩子，像母鸡用翅膀护着小鸡，一个班一个班地送出校门，一个孩子一个孩子交到家长手上。老师们的头发、肩头和后背都被淋湿，但脸上都洋溢着慈爱的、幸福的笑容，嘴里还不停地叮嘱孩子们小心脚下……

晚上，不少家长在学校和班级群里为老师点赞。我在学校群里给家长们回了这样一段话："为孩子撑雨中的伞，为孩子撑成长路上的伞，为孩子撑未来的伞，是我们老师和家长的共同责任。今天我们为孩子撑伞，明天他们就会自己撑伞，后天他们就会放开伞，大步往前走！"

第二天早晨上学时，天依然下着大雨。在上课之前，学校的红领巾广播站播放了一个很特别的通知："如果哪个同学不慎把鞋子、裤腿打湿了，可以到学校的校医室和资源部（总务处），用吹风机把鞋子、裤子吹干。"

每当下大雨，总有个别孩子不小心把鞋子、裤子打湿，而家长又难以及时送来鞋子、裤子换上。为了防止学生因浸湿而感冒，学校常年备有七八个小吹风机，及时帮学生吹干打湿的鞋子和裤子。这不，课间和中午午饭后，就不断有学生跑向校医室和资源部，一个个吹风机响了起来……

记得我们学校有这样一个传统：低年级班主任老师的抽屉常年准备一两套干净的内衣裤，让不小心拉湿、拉坏内衣裤的孩子能及时换上。每年新教师进校培训的时候，我都会给新教师讲学校的这个传统，跟新老师说：真正的好老师除了上好课之外，心里要装有三个词——"微笑、善良、慈悲"，给孩子换上干净的衣裤，就是最好的教育，就是最好的育人，比上好课更为重要。

爱孩子是父母的天性，爱学生是教师的天职！

爱自己的孩子是人，爱别人的孩子是神！而教育和教师的神圣就在于爱生如子，爱生胜子。

教到深处是慈悲！真正的"大先生"首先是一个善良、慈悲的人，就像孩子的妈妈一样！

树木树人

一位老校长说过一句很有意思的话：看一所学校办得好不好，先看这所学校树种得好不好。看似笑谈，实有深意。

我一直有个观点：一个真正热爱学校的校长，应该做一件事，那就是亲自数一数学校的树。前两年，我数过学校的每一棵树。我们学校前年有461棵乔木，如果加上去年新栽的3棵银杏树，现在有464棵树。

一走进我们学校，迎面是一棵老槐树，老槐树挺拔苍劲，枝繁叶茂，这是全校师生都知道的"校树"。这棵老槐树一年四季都会戴着红领巾，树下还立着一块牌子，牌子上写着："1937年的时候，在我身上吊打过抗日志士，他们毫不畏惧，英勇不屈，表现出中华民族的气节，我们要做一个有气节的中国人。"因此，这棵树也被师生们称为"气节树"。每当有同学加入少先队时，都会在这棵"气节树"下举行入队仪式，听听老槐树的故事，从小立志做一个有气节的中国人。

老槐树告诉孩子们什么是历史和岁月，什么是国家和气节。

我们学校里有很多野树，甚至有的树还叫不上名字。这些野树伫立在校园的每个角落，环绕在学校操场四周，春天吐芽，秋天叶黄，入春旺盛，经冬萧瑟。虽然经历过多次绿化方面的检查，专家建议对这些略显杂乱的野树进行规整，但我们从来就没有嫌弃过一棵野树，一直原味原貌地让它们向阳而生，见风而长。"把树留下"成为全校师生的一个默契。

野树告诉孩子们什么是天地和自然，什么是风雨和四季。

学校里有不少野生的枇杷树，一入夏便开始挂果，端午前后满树金黄。枇杷果成熟时节，正值毕业季。每到此时，学校就会开展一次有意思的活动——"枇杷分享节"。由六年级即将毕业的大哥哥大姐姐，搬上梯子，把枇杷果小心地采摘下来，分装到一个个小纸盒里，挨个地送到每个班级，全校师生共同过一个"枇杷分享节"。在孩子们心目中，这是天底下最好吃的水果，因为它是自己校园里的土地上生长出来的，它是大家分享的——分享的味道最甜。

枇杷树告诉孩子们什么是我们和大家，什么是共享和分享。

《管子》曰："一年树谷，十年树木，百年树人。"柳宗元云："顺木之天，以致其性。"其实，我们也可以通过一棵棵树，给孩子们讲述生长的故事、做人的道理……

孩子，喜欢你上课的样子

每年开学的第一天，送新生的家长都会成为校门口的一道风景：

有的拉着孩子的手，千叮咛万嘱咐；有的站在校门外目送孩子，久久不愿离去；有的拿着手机不停地拍摄，直到孩子走入校园深处；有的从学校围墙的栏杆缝隙不断地向校内张望……可怜天下父母心！每个家长都希望把孩子进入小学第一天的影像印刻在眼底，留存在心底。

上课时，我特意到一年级的每间教室转了转，看到孩子们仰起的小脸、新奇的眼神、专注的神情，听到孩子们读书和发言时稚嫩的童音，一股温暖和幸福涌上心头。孩子，好喜欢你上课的样子！

我灵机一动，何不让老师们拍下孩子在教室上课时的样子，传给家长看看。于是，我着手在一年级组织了一项教学活动——"幸福的第一天"。班主任老师为班上每一个孩子拍下他（她）上课时的照片，点对点发给学生家长，让家长看到孩子第一天在小学上课时的样子。

可以想象，当家长收到老师拍的照片，看到自己孩子上课时可爱的样子，心中是多么的惬意和幸福——哪怕平时再辛苦，再多的付出都值！同时，心底对学校的认同、对老师的认可、对学校和老师的情感也会油然而生，家校之间的距离也会因此一下子拉近。

要知道，孩子第一天上课的样子，是每个家长心中最美的照片、最甜的画面、最美的风景。

教育，需要做到细致、温暖、动人处。

家校共育，需要做到家长心坎上。

上好毕业这堂课

前几天，无意中看到几本六年级学生的毕业留言册。

在学生的留言册中，我读到了这样美好的留言："如果昨天不再回来，那就珍惜今天及你拥有的一切。""小时候，谁在乎时间的流逝？每个人心底都有一个斑斓的世界，让我们用心去珍惜童年的美好。""六年相处，我们彼此了解，在云端，等待你的是成功，拥抱明天的太阳吧，它闪闪发光。""命运让我们走到一个班，我们一起欢笑，一起忧伤，但愿美好的记忆，不要从岁月里流走，让它永驻我们的心田！"……

同时，我也看到了这样的一些留言："梦想将来有很多钱。""加油！努力！为了你自己！""没有什么想说的话。""我没有什么梦想，你别强求。""我的个神呀！"……

我不好站在成人角度，用成人的眼光来评判学生留言的优劣，也无法用我们学生时代的评判标准来看今天的学生留言，但我还是有深深的隐忧：有些学生的留言是不是少了志向与梦想，少了应有的人生价值追求，少了向真向善向上的东西？少数学生留言中透露出的世界观、人生观和价值观，是不是有些偏于庸俗、功利和世故？个别学生那种无厘头、玩世不恭的态度，是不是受到虚拟世界、网络游戏、无良书刊等的负面影响？

我知道这并非孩子们刻意为之，也许他们只是觉得好玩，也许只是毕业之前的一个玩笑或者恶作剧，也许他们并不知道什么是好的留言……学生不知道是因为我们的教育做得还不够细致、深入和深刻，但作为教育工作者我们必须明白：我们有责任引导孩子成为"有理想，有本领，有担当"的国之栋梁，有责任培养担当民族复兴大任的时代新人。毕业季是孩子和家长都很关注的一个重要时期，我们何不利用好这一教育契机，给孩子们一次刻骨铭心的教育。

想到这里，我马上召开了一次六年级任课老师的研讨会。经过研讨，综合设计了一次特别有意思、有意义的"跨学科项目学习"。学习项目的主题是"乘着梦想的翅膀，飞翔在祖国大地之上"。项目学习的内容有：班主任老师召开一次主题班会，引导学生深情回忆六年校园生活和美好时光，畅谈人生梦想和理想；音乐老师设计一节音乐课，教学生唱《毕业歌》，组织一次"毕业音乐会"；语文老师设计一节写作课，指导学生写好"价值观正，文辞优美，书写漂亮"的毕业留言；道德与法治学科老师设计一节"家国我责任，理想志四方"的理想教育课；美术与书法两个学科老师同上一节课，教学生如何创造性地设计和书写毕业留言，并为毕业留言配画；体育老师举办一次毕业足球赛、篮球赛或只有毕业生参加的运动会……

我想：这是孩子们需要的一堂毕业课，是让他们刻骨铭心的一堂教育课，也将是终生难忘的一堂人生课！

第四章

教育的星空

Chapter 4

理想的教育一定兼备思想和行动，思想是为人寻找星空和方向，行动是让人到达目的地的脚步和工具。我们在迈开脚步的时候，需要眼望星空，认准方向——也许，星空就是脚步的理由！

教育会变吗

教育会变吗？

这似乎是一个不成立的命题，时代在变，技术在变，一切都在变，教育怎么会不变呢？

"乔布斯之问"至今让人深思：互联网技术让很多行业产生了巨大变化，为什么偏偏对教育影响甚微？

有人反复追问：在"互联网+"时代，我们的生活日新月异，互联网技术应用无所不在，教育为什么会成为互联网至今都攻克不了的最后一个堡垒？

其实，乔布斯们在制造"苹果"和企图"一网打尽"的时候，有一点没有想明白：他们能够冲击教育的，永远只是技术、手段，教育的本质自始至终都没有改变，也不会改变，更不能改变。技术只能改变教育的外衣，但教育本身不会变。

学校会变吗？

很多人都在思考和探讨着"学校会不会变"这个问题，为此做过不少假想，甚至有人断言：远程教育、泛在学习将使实体学校存在空间越来越受到挤压，直至消亡。

我最感兴趣的是这样一个假想：如果将今天的一个人冷冻起来，100年后让他复活，他眼中的世界将会发生翻天覆地的变化，有很多地方他根本不认识，但有一个地方他依然很熟悉——那就是学校。因为100年后的学校可能样态、外表会有所改变，但学校的气息、教育的味道、育人的意义是没有变的，也就是说学校的本质没有变。

教师会变吗？

当前教育界内外都在热议一个话题：人工智能能替代老师吗？有很多人认为，人工智能已经在很多领域替代了人的工作，包括一些需要精密技能的领域，未来的人工智能也将会替代教师。

我一直认为：无论人工智能技术发展到什么程度，永远无法完全替代教师。人工智能可能会替代掉教师的一部分工作，比如知识的讲授、技能的传授等部分，但育人的工作是不可替代的。教育是"传道授业解惑"的工作，"授业"可能是人工智能可做的，但"传道""解惑"却需要面对面。匠师可替，人师难代！说到底，教育是面对面的、有情感有温度的、心灵的交流和对话，而这只有有血有肉的人才能完成。

教育会变吗？学校会变吗？教师会变吗？在这个多变的时代，这可能是我们不断思索、不断追问的问题。

不过，我一直认为：教育应该是技术不能攻克的最后一个堡垒。

呼唤男教师

有20位师范院校即将毕业的学生来校实习。

虽然我事先有些思想准备，但与20位实习生集体见面后，我心里还是挺不是滋味：20位实习生，只有一位男生，还怯生生地坐在被女生遮住的一个角落里。

中小学教师"阴盛阳衰"的现象早已引起了不少有识之士的关注，但目前尚未有权威数据统计。近期，有媒体记者随机调查了山东、湖南、四川、浙江等省的140多所中小学，发现绝大多数中小学存在男女教师性别比例失衡现象，较为严重的学校男女教师比例小于1:10。也就是说，在一些学校，男教师比例不到10%。

山东省某市近三年新进教师902人，其中男教师只有127人。在目前招考补充机制下，男女教师比例失衡，不仅不能得到缓解，反而"愈演愈烈"。据某市教育局主管人事的负责人介绍，在教师公开招考中，因招考内容、方式等诸多因素，男生在笔试、面试等环节都不及女生。也就是说，即使有男生有意愿当老师，也有可能在招考中被拒之门外。

教师男女比例失衡的状况无法随新教师的补充而自然改善，与当前师范生男女比例严重失衡关系也很密切。有数据统计：某师范大学教育科学学院现有硕士生中，男生只有22人，女生有206人；本科生中，男生只有66人，女生841人。另一所师范大学教育学院硕士生中，男生11人，女生256人；本科生中，男生57人，女生833人。这两所师范院校的数据在当前颇有代表性。

男女教师比例失调问题如此严重，那为何男生不愿意从事教师行业呢？我随机与这20位实习生进行了对话。"听原来毕业的师兄师姐说，刚刚毕业的大学生进入教师队伍，月收入也就三四千元，除去一些必要费用，一个月下来囊中羞涩。"一位女生这样回答。"其实社会上长期有一种偏见，认为男性当中小学教师，尤其是做小学教师'没出息'，所以男同学都不太愿意当老师。"另一位女生为男生设身处地着想。而20位实习生中唯一的男生小文则道出了师范男生们的心声："即使是专科的男生也不太愿当小学老师，如果进不了好的中学，大家会选择考研，或者干脆在求职时避开教育系统。"旁边的女生也频频点头，可见他的这一说法在师范男生中很有代表性。

看来，男生不太愿当老师，男生在招考中不容易考上老师，已是不争的事实。那么，男教师的缺乏将带来什么呢？一是对人格形成的影响。不可否认，男女因为性别差异所带来的气质差异是客观存在的，大多数男性在教育教学中给学生带来阳刚、果敢、坚毅、敢于冒险的一些特质，会给学生终身的影响，对学生健全人格的形成起到了不可或缺的作用。二是对男生发展的影响。男教师阳刚、幽默、坚韧、宽容、大度等特点，会直接对男生产生积极正面的榜样作用，校园里缺少男教师就像家庭里缺少父亲，就会缺少阳刚之气，男孩子举手投足间，女性化动作、言辞会越来越多，心理承受能力也会较差，就可能导致"男孩危机"，而最直接的表现就是"娘娘腔"和"假小子"变多。三是对创新精神的影响。相比而言，男教师更具创新意识和创新精神，像组织综合实践活动、开展创客教育、劳技教育等方面，男教师有比较明显的性别优势。四是对思维能力的影响。有些学科像数学、科学、信息技术等，需要教师有较缜密的思维和较强的逻辑推理能力，男性教师理性思维能力更优，对这些学科比较容易胜任，而女教师则显得有些力不从心。

"家有三斗粮，不当孩子王。"自古民间就有对教师的偏见。而在人们的传统意识中，教师似乎是一个清贫而单调的职业。如何让男教师走进校园呢？我觉得可以从以下几个方面入手：一是落实好党和国家对教师队伍建设的政策要求，切实提升教师的经济待遇和社会地位，让教师职业更有吸引力，让教师真正成为全社会尊重和羡慕的职业；二是加强师范院校的建设，师范院校可以适当地在专业设置上做做文章，体育、科学、信息等学科，可以多招收和培养男生，为中小学多储备一些男教师资源；三是提升教师的专业化水平，增强教师职业的专业性和挑战性，要让教师职业像医生、律师那样变得有挑战性和专业性，不至于像人们心目中那样"单调"；四是改进教师招考工作，人事部门在教师招考中，在男女平等的基础上，可以采取一些有效措施，为男性教师开辟一些平台和通道，如在有些学科开一些口子，让男性教师能够进得来。

教育应从"洒扫应对"开始

听一位教育同仁讲过一件事：

一天早晨，他特意在一所小学门口观察小学生上学，发现在一个时段内，有46位学生由家长送到校门口，其中只有3名同学是自己背书包，只有3名同学接过家长背的书包时能说声"谢谢"，只有2名同学跟送他上学的家长说声"再见"。而其他的同学都是由家长背着书包送到校门口，从家长手中接过书包一声不吭地扬长而去……

这位教育同仁由此很感慨，很痛心：如果学校的教育只剩下知识的学习和考试分数，那还称得上教育吗？如果一个孩子连最基本的生活常识和处世礼节都不会，他能成长为一个什么样的人呢？

这位教育同仁所看到的一幕绝非个案，在很多中小学、幼儿园的门口这一幕不断地重演。在技术日益进步、教育方法手段日益现代化的今天，学校和家庭到底如何"立德树人"，如何培养"德智体美劳全面发展的社会主义建设者和接班人"，的确需要我们不断再思考。

《论语·子张》曰："子夏之门人小子，当洒扫应对进退则可矣。"朱熹《大学章句序》曰："人生八岁，则自王公之下，至于庶人之子弟，皆入小学，而教之以洒扫应对进退之节，礼乐射御书数之文。"这是古代的童子教育内容，"洒扫应对进退"的教育，即洒水扫地这些日常家务的劳动教育和待人接物的处世教育，放在今天依然有极其重要的教育价值。

近几天，我一直在思考，如何在学生中做好日常家务的劳动教育和待人接物的处世教育，因此，我草拟了《湖北省武昌实验小学学生一天必做十件事》，并计划在今后的学校和家庭教育中共同做好：早上自己听闹钟起床，自己穿戴好衣物和红领巾；整理好自己的床铺和房间，自己洗漱好；自己背书包上学；与送你上学的长辈说再见；向校门口值日的老师和同学问好；下午放学，向接你放学的长辈问好；放学进家门向家人问好，如家中有客人，向客人问好；吃完晚饭和家人一起收拾餐桌、餐具和地面；集中注意力自觉做好家庭作业；睡觉前清理好书包和第二天穿的衣物，设置好起床的闹钟。

成才先成人！

"一屋不扫，何以扫天下！"教育真的应该从"洒扫应对"开始……

"体卫艺"到底有多重要

我的朋友赵君在教育主管部门负责"体卫艺"工作。

赵君刚刚接手工作的时候，就有同僚善意地跟他开玩笑：不少人都笑称"体卫艺"工作就是"三打白骨精"——体育"打球"，卫生"打针"，艺术"打鼓"。看来，在教育内外的确存在对"体卫艺"工作认识的偏差，不少人对"体卫艺"工作的认识还停留在表象，停留在浅表的外在形式上，而没有透过"打球""打针""打鼓"去思考"体卫艺"工作的实质价值。

赵君笑而未答。

经过较长时间的实地调研和深入思考，赵君对"体卫艺"工作的理念进行了重新定位和架构：让每一个孩子有力量地成长（体育），让每一个孩子能健康地成长（卫生），让每一个孩子更优雅地成长（艺术）。"体卫艺"绝非简单的"打球""打针""打鼓"，"体卫艺"工作是让孩子

"能健康，有力量，更优雅"的事业，是落实"立德树人""培养社会主义建设者和接班人"的重要环节。

与此同时，赵君又对"体卫艺"工作在学校发展中的作用进行了再思考："卫生"让学校精神起来，"体育"让学校生动起来，"艺术"让学校优雅起来。而且体育、卫生和艺术三者缺一不可，如果一所学校只有精神就像工厂，只有生动就像公园，有了精神、生动和优雅就像一座宫殿。

综观当下的教育，一些学校尤其是中学，把"体卫艺"工作边缘化，一些学校和学校管理者对"体卫艺"工作是"说起来重要，做起来次要，应考起来完全不要"，功利的应试和片面的考评导致"体卫艺"工作成为鸡肋，在片面追求分数和升学率的阴影下，孩子们难以"能健康，有力量，更优雅"，学校也难以"精神起来，生动起来，优雅起来"。

没有体育的教育是失败的教育！没有艺术的教育是落后的教育！

善哉赵君！

教育的春天已经到来，"体卫艺"的春天还会远吗？

为什么做"校庆"活动

湖北省武昌实验小学始创于1905年，前身是武汉中央军事学校旧址，是一所有着百余年办学历史的老校。

经常会有家长、同仁问我一个问题：学校什么时候做"校庆"活动呢？我总是笑而不答。

想想有些学校所做的"校庆"活动，无非是一场优秀毕业生的集会。能受到学校邀请并荣归母校的多半是当年的优生、今日的名流，非富即贵，也可能会有少数当年表现平平，后来发力"混"得不错的，而大多数普通的毕业生是难以受到邀请也无颜见"江东父老"。与其是说举办校庆，不如说是一场毕业生的"选秀"活动，甚至是把当年的分数竞争，延伸到毕业后的财富地位竞争。

前不久，一位教育同仁给我讲过一件事：有位校长调任一所学校，翻阅校友回忆录，忽然冒出一句"那一届好像没有出什么人"。这位同仁听了十分诧异，这是什么话？原来这位校长眼中"人"的标准，是"高官""名人""富商"，是可能对他有用的人，其他普通毕业生都不算他眼中的"人"了。这位同仁很感慨：在有的学校、有的校长眼里，还存在这样低俗的、功利的价值观。如果在一所学校、一个校长身上还有"那一届好像没有出什么人"的教育价值评价，学校建设再先进，教学设施再现代，考试分数再高，那里的教育也是陈旧落后的。

我总认为：如果湖北省武昌实验小学"祖国利益高于一切"的校训扎根学生心底，将来他无论走到地球的哪一个角落，都能不忘家国、不忘初心，都能报效祖国；如果我们的学生牢记"中国情怀，世界眼光"的追求目标，扎根中国大地，心系人类的命运和未来，关注人类命运共同体的建设；如果"大气优雅，探索超越"八个字的学校精神在孩子身上打下深深烙印，他将来在任何工作岗位，都能兢兢业业，开拓创新，大气做人，优雅生活……这才是学校教育的真正价值所在！教育也因此有了生命力！做不做校庆有什么关系呢？

我总觉得：如果我们学校的毕业生多年后还记得母校，领着他（她）的儿孙来学校看一看，骄傲地告诉儿孙自己就是这所百年老校的毕业生，这所学校让他学会如何做人做事；如果我们学校近年的毕业生，上了高中、大学后还念念不忘母校，念念不忘老师，常常利用空闲回母校看看校园和老师；如果我们在校的每一个孩子，在任何场合都无比骄傲和自豪地告诉别人我的学校是湖北省武昌实验小学……我们"办一所自然状态的学校，办一所孩子喜欢的学校，办一所我们大家的学校"的办学追求得以真正落地，我们多年所做的"顺应天性，尊重个性，培养社会性"的"新自然教育"得以回应，我们也就问心无愧！做不做"校庆"又有什么关系！

如果我要做"校庆"活动，我的基本立足点就是"一个都不能少"，让每一个毕业生和在校生都有机会平等地、和谐地参与：可以通过网络媒介，让每个人都能参与其中；也可以组织"回望母校，回望童年"系列活动，让毕业生分期分批回校，一个都不少地共忆童年时光，共讲母校故事；还可以由当年的班集体自主组织、自主申报、自定时间回母校团聚，学校只需敞开大门，欢迎当年的学子归来……在这个过程中，主角不是学校，不是学校在利用毕业生装点门面，真正的主角是"人"，是"每一个人"，是当年的班级、老师和学生——因为他们本来就是学校的主人！

而这样的事，我们一直都在做。也可以说，虽然我们没有举办"校庆"典礼，但每一天都可能成为我们学校毕业生的"校庆日"。这已经足够了！

真正的"校庆"其实就在那里，在每一名学子的心里。

真正的学校其实会永远活在每一名学生的生命记忆里。

办公桌上的水果糖

在我的办公桌上一直放着一个水果糖罐，里面总满满地放着五颜六色的水果糖。

每到大课间自由活动的时间，或是上学、放学的时候，总会有学生到我的办公室，我便会从水果糖罐里随手抓出一把糖，让他们自己挑选一颗。看到小不点儿美滋滋地说着再见，离开我的办公室，我的心里也洋溢着一份甜甜的幸福。

每次有同学结队来我的办公室吃糖的时候，我都会给他们几颗，并叮嘱他们一定要送给自己最好的朋友吃。而他们都会乐滋滋地拿到班上，与好朋友一起分享校长的水果糖，小不点儿给我做的无形"广告"倒真起了作用，来我办公室吃糖的孩子越来越多了。

来我办公室吃糖的不少是我的常客，其中有一个小王同学更是频繁，基本上每天都会来。他仅仅是喜欢吃糖吗？显然不是。这个孩子由于家庭原因有些特殊，他在家里总是提心吊胆，一旦做了什么错事就会招致父亲的粗暴拳脚。而到了学校，在班上又特别乖戾，经常扰乱老师的课堂，与同学之间发生这样那样的矛盾，导致同学们都只好远离他，他在班上已经没有朋友。为此，我专门找他的父亲谈过，也到他的班上找同学们聊过，但一直收效不大。我知道：他在班上没有朋友，是把我当成了他的好朋友。

自从他来我办公室吃糖后，我每次都会让他多带几颗糖回到班上去，并叮嘱他分给其他同学吃。渐渐地，他不仅有了我这个大朋友，在班上也终于有了自己的朋友。不过，他还是每天到我办公室来，不仅来吃糖，还不停地讲着他高兴与不高兴的事，讲着班上的事，讲着与同学、老师之间的事。每次走的时候，忘不了带几颗糖给他的好朋友。

教育是什么？或许是老师一个赞许的、宽容的微笑，或许是老师伸出手去摸一摸小孩子的头、拍一拍大孩子的肩，或许是递到孩子手上的一颗甜甜的、甜甜的水果糖……

弹珠该不该"缴"

就在我们慨叹现在的孩子童年苦、童年累的时候，也无奈地发现今天的孩子不会玩。即使把时间还给孩子，他们也不知怎么玩。现在的孩子一有时间，大多只有两种"玩"的方式：一是盲无目的地疯闹，借此发泄；二是悄无声息地盯着电视或者挂在网络——第二种更多，真可谓是"躲进小楼成一统，盯着屏幕度春秋"。

怎么办?

我和学校体育老师反复商量，力争在体育课上教学生"会玩"。因此，在体育课中增加了大量的经典游戏内容。像我们小时候乐此不疲的——打弹珠、跳房子、踢毽子、跳橡皮筋、抓子、打纸片等等。虽然这些我们儿时的经典游戏离现在的孩子已比较遥远，但我们一推出这些游戏就受到孩子们的空前欢迎——毕竟都是孩子，世界在不断变化，但童心永恒! 游戏永恒!

然而，孩童就是孩童，他们哪里有那么强的克制力呢？于是，在其他学科的课堂上，他们也就管不住自己的手了，不由自主地在课桌上、书包里摸起来，有时一不小心弹珠就掉在地面上……可想而知，这个时候，任课老师的恼怒，那个孩子的惊恐，其他同学聚焦的眼光……于是，这个时候，有的老师就拿出了他的"镇室法宝"——"缴"：走到该同学前，伸出手来，让该同学掏空弹珠，眼巴巴地看着老师放进讲台上的粉笔盒中；或者是在众目睽睽下，让该同学把弹珠悉数送上讲台……而那个同学下半节课一直惴惴不安——因为下课后必然会低着头跟在老师后面，到老师的办公室去……

　　原来我们总说："考，考，考，老师的法宝；分，分，分，学生的命根。"殊不知老师还有另一个法宝："缴，缴，缴，老师的法宝。"你看，只要老师不准许的东西，切不可暴露在老师面前。你看，当孩子上课分神，一不小心摸上了刚刚与别人换来看的一本小人书，又情不自禁地盯上去了，正在孩子津津有味、忘乎所以地钻进书中时，突然觉得教室一下安静下来，气氛有些不对，猛一抬头，发现老师就站在他的旁边，眼镜片后射出的目光足以把书撕碎，一只大手也伸到了他的面前，而旁边的同桌还没来得及用手肘子碰他……这时候，他不得不"缴械"投降，乖乖地做了俘虏——因为，课堂好像总是老师的领地，老师是绝对的主宰，怪就怪他这么不小心，也怪旁边的同学反应迟缓，没有及时发出"撤退信号"。"缴"变成了少数老师的法宝后，小人书、零食、小玩具等，全都成了老师的"战利品"。于是，有的老师"缴"得不亦乐乎，全然不顾学生的伤心，更可怕的是"缴"而不还，就造成了有的孩子为了还从别人那里借来的小玩具而不择手段，甚至铤而走险……

　　我也理解老师组织课堂的难处，也知道有的孩子干扰课堂让老师头疼。但我也想说：老师，请你再宽容一点，请你手下留情——最好多用提醒，不用"缴"的撒手锏；即使偶尔"缴"一"缴"，也只是帮学生在上课时暂时保管一下，在适当的谈话过后，把缴的东西还给学生。

总记得魏巍先生在他的散文《我的老师》中有这样一段描述：我的老师蔡芸芝先生从来不打骂我们。有时，我上课时很顽皮地在桌子底下玩起来，她走到我的面前。我看到她的教鞭好像要落下来，就用小石板轻轻地一迎，教鞭就轻轻地碰在石板边上。这时，老师笑了，我也笑了……我用儿童狡黠的眼光看着蔡老师，我知道她不会打我们，她爱我们……一幅多么生动而感人的"师生图"呀！

教育学、心理学研究表明：现在不少青少年存在心理障碍，甚至发生心理疾病，有很大部分是因为儿童时代"游戏缺失"而造成的。所以，孩子要玩游戏，要多在游戏中交往，在游戏中变得"心灵手巧"——老师所要做的就是鼓励，就是引导：在该集中注意力的时候集中注意力听讲，在孩子玩游戏的时候痛快地玩游戏。一味地堵，则永远是一场没完没了的"猫鼠战争"，老师虽然"缴获"了战利品。但却是最终的失败者——因为你失去了孩子的心！

弹珠该不该"缴"？我想用爱和良知的名义请求我们的老师：把弹珠还给孩子吧！

"见人问声好"比100分更重要

一天早晨，我照例站在校门口迎接学生进校。

刚好有一位朋友来找我，与我一起站在校门口，饶有兴致地看孩子们上学。

他看到无论是还未戴红领巾的一年级小朋友还是已戴红领巾的少先队员，进校门时见到值日的校长、老师、同学都十分有礼貌地问好，很是感动，轻声地问我："我那个小家伙就是见人不愿意问好，让我很是头疼，显得没有家教也没有文明素养，你们学校是怎么训练的？"

他问话中的"训练"一词让我一震，也让我陷入了思考，"见人问声好"是训练出来的吗？我们能强化训练吗？我笑着对朋友说："我们好像不是用高压锅压出来的，而是用文火慢慢熬出来的。"这时，一个一年级的小朋友从我身边走过，好像忘记了问好，我连忙走上前去主动地向他招手："小朋友，早上好！"他愣了一下，腼腆地停下来回应我："老师好！"朋友看到这里，若有所思地点了点头。

我们学校一直坚持慢慢培养学生的"八个好习惯"："见人问声好，走路靠右行；清洁自己做，饭菜吃干净；写字姿势正，做操有精神；每天勤读书，主动常提问。"同时，对每个好习惯都会有具体的提示细则。如"见人问声好"习惯的培养，我们提出"见人问声好比100分更重要"。在学校，进校门时、在教室、在操场、离校时都要见人问好；在校外，见到家人、客人、朋友都要问好；问好可采用多种方式，可点头微笑、可挥手致意、可以喊出声问好，还可以行少先队队礼、行鞠躬礼等等。

教育不是高压锅压出来的，而是文火慢慢熬出来的。

教育不只是告知、要求、训练、打造，教育更是氛围熏陶、上行下效、潜移默化、春风化雨……

分数之外

——致全校同学的一封信

亲爱的同学：

　　你好！

　　当你拿到这封信的时候，你已愉快地开始了这个学期的学习生活。

　　伴着这封信，你将会慢慢走过这个学期。到了学期结束，你将会拿到本学期素质报告单、报告书，在素质报告单、报告书上记录着你一学期来各方面的表现，在每门学科的记录栏里都将填上你的考试成绩，可能有的家长会很看重这些分数和成绩，作为对你一学期的评价。

　　我们想对你说的是：因你的成绩，我们对你感到骄傲，我们知道你已经付出了最大的努力，这份努力比分数本身重要百倍。

　　但是，你要知道的是：这些考试分数其实并不能真正反映出你的进步和成长。因为出这些考试题的叔叔、阿姨们手里只有书本和知识，他们并不能像你的老师那样了解你，更不像你的爸爸妈妈那样了解你。

这些分数不会告诉出题的叔叔、阿姨，你除了书本之外，还掌握了大量的课外知识；这些分数不会告诉他们，你除了课堂学习之外，还阅读了大量的课外书籍；这些分数不会告诉他们，你已经能熟练演奏音乐，能唱歌，会跳舞；这些分数不会告诉他们，你已经开始爱上文学，会写一些诗歌、童话和小说；这些分数不会告诉他们，你会打乒乓球和篮球，足球踢得也不赖；这些分数不会告诉他们，你现在什么事都是自己动手做，遇到问题总会自己想办法去拿主意；这些分数不会告诉他们，你能给你的小伙伴们带来笑声，你是小伙伴们欢迎和信赖的人；这些分数不会告诉他们，你每一天都在努力进步一点点，每一天都在努力让自己变得更好……

所以，我们想对你说的是：你的分数只能告诉大家你的一面，但是它不能代表你的每一面。分数只是分数，你可以为自己的分数而自豪，但是请永远记住——人可以有多种方式证明自己的优秀，考试和分数绝对只是其中一种。

除了分数和成绩，你还有其他很多值得注意的方面。在考试之外，你可以通过多种路径和方式努力做更好的自己！

湖北省武昌实验小学全体教师

2019年11月

教育的星空与脚步

众所周知，我们基础教育的基础比较扎实，知识技能的学习掌握比较牢固，在很多人心目中，这也是我们基础教育目前的优势。

但与此同时，我们的基础教育尚存在一些短板：一是注重齐步走，用一把尺子量秉性各异的学生，较少给天资很好、秉赋出众的孩子额外自由度，导致教育的均值较高而塔尖不高，难以让杰出人才脱颖而出；二是注重纸面上的标准化题目和标准化学习，缺乏学习真实世界，离生活世界和真实世界距离较远，导致学生常有"为什么学这些"的困惑，不少学生"高考之前，基本活在真空里"；三是注重当前利益和近期目标，考好分数、上好大学、找好工作、拿好薪水、过好日子似乎成为家长和学生竞相争挤的"华山一条道"，导致不少学生心灵深处缺少灵魂性的东西，缺少家国情怀和人类关照，缺少远大的理想和宏大的思考。

这样的教育可能是一种"脚重头轻"的教育，或者是一种"有脚无头"的教育，腿脚练得健壮，但就是缺乏前行的方向，在等着别人给自己指点方向，"让我去哪儿就去哪儿，绝对比谁跑得都快"。

知识学习和技能训练当然重要，这是在练"脚力"，若没有过硬的知识技能，纵然有远大理想和宏大目标，也可能只是空想而无法到达。但如果只有知识技能，没有理想引领，没有思想引导，可能就只是盲目奔跑。

因此，我们需要对现有的基础知识技能教育进行拓展，给现有教育开拓一片更为广阔的天空，让我们的学生逐步具备思考重大问题的能力，以问题和思考去引导学生前行的脚步。

我们需要在学生的心灵浸润更多灵魂性的东西，需要超越的思想，把教育和国家的前途命运联结起来，把教育与人类的前途命运联结起来，让学生学习思考国家的问题、人类和世界的问题。

我们需要在知识技能之上的宏大思想、跨界联系、家国情怀、国际视野、人类理想，让学生从小思考自己、自然、国家、人类的联系，主动承担国家和人类的责任与使命。

理想的教育一定兼备思想和行动，思想是为人寻找星空和方向，行动是让人到达目的地的脚步和工具。我们在迈开脚步的时候，需要眼望星空，认准方向——也许，星空就是脚步的理由！

对教育信息化的几点反思

　　提到"教育信息化""智慧校园"，人们一般会联想到计算机、多媒体、网络、大数据、人工智能、无纸化办公等现代信息技术手段。但到底什么是"教育信息化"？到底什么是"智慧校园"？在"教育信息化"和"智慧校园"的建设中如何坚守教育本质和本源？如何保护学生视力而不舍本求末？这些问题都值得我们深思。

　　我认为：在"教育信息化"和"智慧校园"建设中需要警惕以下几个现象。

　　一是警惕"教育信息化"的陷阱。人的现代化、人的思想理念现代化才是"教育信息化"和"智慧校园"的首要之义。人和人的发展是"教育信息化"和"智慧校园"建设的目的，而现代信息技术只是辅助手段和工具。我们要警惕"教育信息化"的陷阱，即用先进的设备支撑落后的理念，就好比在信息高速公路上行驶着"镀金的拖拉机"。

　　二是警惕片面强调"电子化"。在今年的疫情中，广大师生有两个最深刻的体验：一是更加爱党爱国，通过战胜疫情，大家深深体验到在党的领导下，祖国强大的凝聚力和战斗力；二是更加爱校爱学，线上教学难以替代真正意义上的教育，无论网络多么发达，技术多么先进，都无法替代学校的现场教学。说到底，教育不是简单的网络教学，不是简单的"电子化"，真正的教育是人与人面对面、眼睛看着眼睛、心灵感染心灵的现场互动。无论是"教育信息化"还是"智慧校园"，还是要人与人面对面地交流对话。

三是警惕现代信息技术过度使用。现代信息设备的添置和使用应该遵循"够用、实用、需用"的原则。"够用"是说设备购置时不贪大求全，不浪费，不闲置。"实用"是说不盲目追求时尚，不盲目跟风和攀比，譬如黑板和粉笔等传统媒体就可以和现代信息技术相得益彰。"需用"就是使用信息技术解决传统手段难以解决的一些教学环节和教学问题，是需要时才使用，而不是为了使用而使用，就好比我们使用微信，是因为使用微信快捷便利。

四是警惕一刀切的教学要求。教育教学的手段和方法应该是丰富多样的，是多元化、个性化的，不能进行一刀切的要求，不能作一元化的规定。有的老师喜欢用多媒体教学，有的老师喜欢用黑板和粉笔；有的老师喜欢用计算机键盘输入，有的老师喜欢用钢笔写文章手稿；有的老师喜欢用现代信息手段来进行作业批改、评讲，有的老师喜欢用红笔红墨水批改作业，甚至面批面改……这一切可以在"教育信息化"和"智慧校园"建设中并存，这样的学校文化也会更加丰富多元。在网络技术无比发达的今天，在人际交流越来越趋于网络化、电子化的生活中，如果有人能够手写一封家信、一封情书，倒是一个令人意外的惊喜。

总之，我们不能为了信息化而信息化，不是为了"智慧校园"而追求所谓的"智慧"。我们不能用手段代替目的，不能用物的现代化掩蔽人的现代化，不能用技术替代面对面育人。

"劳"，真的不能少

有两件事深深地触动了我。

有一年暑期，我回到老家的小山村。山村的七月，已没有我记忆中的农忙，播种收割基本上都已机械化，农家基本上都在坐等收成，这种"不劳而获"让山村变得寂静而单调，也失去了山村应有的味道。我看到村前屋后的孩子们，也不再像我们小时候顶着烈日去干活，再也不用像我们的先辈、像我们小时候那样"面朝黄土背朝天"，他们手拿着智能手机、平板电脑在那儿恣意地游戏，或者盯着电视无所事事。看到这一切，我心生感叹：如果长此以往，这些孩子会不会"四体不勤，五谷不分"？会不会不识小麦与韭菜？他们还会真正体味"锄禾日当午，汗滴禾下土。谁知盘中餐，粒粒皆辛苦"吗？

其实，无论是村里人还是他们的后代，一旦丢失了土地上的劳作，丢失了田原上的辛勤，丢失了原生态的耕种，就失去了播种的期待、田间的愉悦和收获的欢喜，没有了劳作的过程，也就失去了生活本真的味道。

一天傍晚，在电梯里，我看到送外卖的小哥，一手拿着手机，一手提着一个塑料袋。仔细一看，塑料袋里装着一碗面条和一瓶矿泉水。看着外卖小哥心急火燎的样子，我好奇地问："送这点东西还这么急？"他苦笑着说："哎，你别见怪不怪，太常见了，现在的年轻人懒着呢！"仅仅是懒吗？面条和矿泉水，只要挪一下身，动一下步，下楼即是，居然还催送外卖，真叫人不可思议。这是进步还是退化？是一种生活方式还是一种生活变态？这样的年轻人长此以往会不会失去人的本能？

记得小时候对我们影响最深刻的一项教育就是"劳动最光荣"。我们从小唱着"太阳当空照，花儿对我笑，小鸟说早早早，你为什么背上小书包。我要上学校，天天不迟到，爱学习爱劳动，长大要为祖国立功劳"。我们坚信要从小爱学习爱劳动，长大为祖国为人民而劳动。我们从小唱着"太阳光金亮亮，雄鸡唱三唱，花儿醒来了，鸟儿忙梳妆，小喜鹊造新房，小蜜蜂采蜜忙，幸福的生活哪里来？要靠劳动来创造"。我们坚信劳动是幸福的，幸福的生活是劳动创造出来的。在我们所受的教育中，不劳而获可耻，辛勤劳动光荣，劳动人民是幸福的，劳动创造幸福的生活。时至今日，我们始终坚信：无论时代如何进步，技术如何革新，但劳动的精神永远不会变！"劳动最光荣"永远不会变！

在2018年的全国教育大会上，习近平总书记指出：要培养德智体美劳全面发展的社会主义建设者和接班人。相比原来的"德智体美等方面全面发展"，着重加上了一个"劳"字，明确了"五育并举"，充分体现了习近平总书记对"劳动"和"劳动教育"的高度重视。习近平总书记还特别强调："要在学生中弘扬劳动精神，教育引导学生崇尚劳动、尊重劳动，懂得劳动最光荣、劳动最崇高、劳动最伟大、劳动最美丽的道理，长大后能够辛勤劳动、诚实劳动，创造性劳动。"

从上学期开始，我们学校就给学生布置每天必做的"劳动作业"，如每天自己穿戴衣物和红领巾；自己整理床铺和房间；自己洗漱；自己背书包上学；吃完晚饭和家人一起收拾餐桌餐具；睡觉前清理好自己的书包等等。成才先成人！基本的劳动习惯和劳动技能的培养与习得，是教育的应有之义！

"劳"，真的不能少！

劳动教育无处不在

習近平总书记在全国教育大会上指出："培养德智体美劳全面发展的社会主义建设者和接班人。""要在学生中弘扬劳动精神，教育引导学生崇尚劳动、尊重劳动，懂得劳动最光荣、劳动最崇高、劳动最伟大、劳动最美丽的道理，长大后能够辛勤劳动、诚实劳动、创造性劳动。"

在基础教育中，"劳动"和"劳动课"都不是一个新概念，在国家课程设置中就有劳动技术教育课程。然而，在学校、家庭、社会教育的实际中，劳动教育的落实却不尽如人意，导致不少城乡的孩子"四体不勤，五谷不分"，很多孩子"不分节气，不辨菽麦"。

那么，在立德树人根本任务的背景下，如何正确理解劳动教育的内涵，如何有效开展劳动教育呢？我认为：劳动教育作为"五育"的一个重要组成部分，不是孤立存在的，而是与其他各个领域密不可分，渗透于学校、家庭、社会生活方方面面。如果将劳动简单地视为做体力活、做做手工，或是职业体验课，那就难以真正体现劳动教育的价值。我认为：劳动教育可以无处不在。

一是学会体验的学校劳动：学校可以开辟种植园、养殖园等劳动场地，让学生经历完整的种植、养殖过程，观察、了解、理解自然界中动物、植物的生长过程。也可以开放学校的食堂、厨房，让学生参与洗菜、择菜、分餐、取餐等劳动，让学生充分体验劳动的辛苦和坚持。

二是学会分担的班务劳动：包括学生做班级值日生处理班级事务、清扫班级内外卫生，组成责任小组承包班级卫生包干区，还可以在班级内实行"班级小主人管理制"，实现"人人有事做，事事有人做"，设立班级的"门长""黑板长""课桌长""花长"等等，培养孩子的责任感。

三是学会动手的家务劳动：要求学生"自己的事情自己做"，在家里自己设置闹钟起床、自己穿戴衣物、自己洗脸刷牙、自己整理房间和床铺、自己背书包上学等等。在此基础上，分配学生做布置餐桌、端菜添饭、收拾碗筷、抹桌洗碗、清扫地面等力所能及的家务劳动。朱熹先生所讲的"洒扫"，古人所讲的"一屋不扫何以扫天下"，很多家训中强调的"黎明即起，洒扫庭院"，就是要培养孩子自己动手的习惯。

四是学会创新的创意劳动：基于"做中学"的理念，学校可以广泛深入实施"创客教育"，通过学科知识整合、生活经验整合和以学生的学为中心的学法整合，采用游戏体验、案例体验、现场体验、媒介体验等体验方式，让学生在"做"中培养创新精神和实践能力。同时，可以开发园艺、创意设计、综合设计、非物质文化遗产等主题内容和项目式学习，引导学生发现问题、提出问题、设计方案、应用工具、动手解决问题。

五是学会担当的社会劳动：可以适当为高年级学生打开校门，引导他们走出校外，立足社区资源，常态化开展关爱他人、绿色环保、文化宣传、清洁卫生、敬老助残、拥军优属、赛事服务等社会服务，做"社区小义工""小志愿者"。可以开展"职业体验"活动，以"跟爸爸妈妈一起上班"等生动有趣的组织形式，让学生在实际工作岗位上或模拟情境中观察、见习、实习，体验职业角色的劳动过程，树立正确的劳动观念。

用劳动教育激发学生的劳动热情既培养了他们的手脑协调能力，又提高了观察力、专注力，增强了他们认知、理解和判断事物的能力，创新精神也得到一定培养。更重要的是，培养了学生热爱劳动、尊重劳动、热爱和尊重劳动人民的情感。

可以说，没有劳动教育就没有真正意义上的教育，只有经历真实的劳动过程才能真正懂得珍惜。

由"双胞胎爬梯实验"想到的

　　心理学家格塞尔曾做过一个实验，参与实验的是一对同卵双胞胎。

　　格塞尔先让哥哥在出生后的第48周开始学习爬梯子，每天训练15分钟，到了第54周的时候，哥哥终于能够自己独立爬楼梯了。而弟弟呢？格塞尔让他从出生后的第52周才开始练习爬梯子，这时的孩子走路姿势已基本稳定，腿部肌肉力量也比哥哥刚开始训练时更加有力。结果，同样的训练方式、内容和强度，弟弟只用了两周时间，就能够独立爬楼梯了。

　　哥哥从48周开始，练了6周，到了第54周才学会爬梯子；弟弟从第52周开始，练了2周，也是在第54周学会了爬同样的梯子。并且，弟弟不仅学习所用时间短、效果好，而且还具有更强的继续学习意愿。这一结果引起了格塞尔的思考：为什么先接受训练的哥哥没有表现出优势呢？于是，格塞尔进一步对其他同卵双胞胎孩子进行了玩积木、玩球、学习词语、数字记忆等实验。结果发现，无论在哪方面，受训练的儿童在一段时间内虽然超过未受训练儿童，但达到一定时间后，一旦给未受训练儿童同样的训练，他们马上就会赶上或超过受训练儿童。

据此，赛格尔指出，儿童的学习取决于生理上的成熟，没有足够的成熟就没有真正的发展，而学习只是对发展起一种促进作用。也就是说，我们要等待儿童达到一定的生理成熟水平，否则学习就会事倍功半，超前训练或超前学习没有多少实际意义。

由此，我想到在学校里观察到的"一年级下学期现象"：一些刚上一年级的孩子，由于在学前阶段提前学习了小学的学科知识，在一年级上学期明显学得快一些。但到了一年级下学期，那些没有提前学习的"零起点"孩子，马上赶上甚至超过提前学习的孩子，而且对学习有更浓的兴趣。而那些提前学习了小学知识的孩子，到了一年级下学期，不仅没有表现出什么优势，反而因为在小学之前提前学习，自以为已经学会了，课堂上注意力不集中，学习习惯也受到影响，学习兴趣也不浓，结果煮了"夹生饭"，似懂非懂，似会非会。

其实，幼儿期的孩子正处在"游戏期"，这个时期的教育应以游戏、玩耍为主，在游戏中发展孩子的感官，激发孩子的心智，培养孩子的能力。不少家长却认为游戏会浪费孩子的时间，因此提前教孩子学习知识（如读、写、算）或才艺（如绘画、弹琴、舞蹈）等，将孩子提前置于不成功便失败的学习压力之下，人为加速孩子的发展，往往会使孩子养成遇事退缩、被动应付、事后内疚等不良性格。

我们都知道"伤仲永"的古训，也知晓古人"早熟必早衰"的忠告，更知道"欲速则不达"的道理，但还是有不少家长因为焦虑、功利、攀比、跟风等现实原因，让孩子提前"抢跑"，拔苗助长，殊不知一时的提前抢跑，很可能带来未来的遗憾。

教育是"农业"而不是"工业"，做农业种作物讲究的是天时地利，讲究的是季节时令，到什么时候播种，什么时候浇水，什么时候收获是有规律的，什么节气种什么作物也是讲科学的，任何违背自然、违背规律、违背季节的劳作都将适得其反。

教育，要做些"吃力不讨好"的事

　　当下，有些学校为了满足部分家长对升学的需求，基本上把精力都花在考试科目的教学上，追求眼前的高分和高升学率。这本无可厚非。但他们在一味追求高分和高升学率的过程中，实行的是题海战术，学习方式基本是做试卷刷题，以考试科目取代全学科教学，以刷题教学取代完整的教育，以大作业量换取所谓的高分，以牺牲学生的学习兴趣、全面发展、睡眠时间、身心健康为代价，换取局部的考试成绩，以这些"好看"的分数去"讨好"部分家长。而这样做也确实"讨好"了一些家长，赚得了一些现实利益，甚至以单一的、显性的高分赚得了"名校"称号。

　　但还有很多学校，坚决贯彻教育方针、政策，凭着教育理想信念，凭着教育情怀良知，创造性开展丰富多样的教育活动，坚持做些吃力不一定"讨好"的事情，这些"吃力不讨好"的事情，不一定能在短时间内提升分数和升学率，不一定能产生立竿见影的即时效应，但对学生的全面发展、个性发展、自主发展和终身发展大有裨益。

我们学校一直把开展丰富多样的教育活动作为落实素质教育的重要举措。多年来，也得到家长的普遍认可和社会的肯定。同时，也在潜移默化地影响和改变一些家长的教育观念，不少家长由最开始的盲目跟风到理性地看待孩子的发展，一些家长由过度关注考试分数到更加关注学生全面发展、综合素养提升、"成才先成人"。

一年中，我们先后举办"科技节""艺术节""体育节""读书节""文学节""朗诵节""数学节""英语节""种植节""风筝节"等系列创意教育活动；举办春夏秋冬"四季运动会"，春秋季研学旅行；每天晚上学生都有比学科作业更重要的德育实践作业、劳动作业和体育作业；每逢传统节日、节气，学校都会举行节日、节气活动，如元宵节全校学生动手做元宵、煮元宵、吃元宵，冬至节全校学生动手包饺子、煮饺子、吃饺子等等。

开展这些教育活动，需要学校组织者精心策划，老师们在过程中精心实施，确实需要付出很多时间、精力和汗水，确实"吃力"。但我们明显地看到孩子们在活动中增长见识、体验生活、学会合作、增进交流，创新意识和动手实践能力也不断得以提升，尤其是对世界、对自然、对社会、对万物、对生命、对知识、对学习充满了兴趣和乐趣。我们觉得这样的"吃力"是值得的！

这些"吃力不讨好"的教育活动，虽然不能立竿见影地提升分数和考试成绩，但它们远远超越分数，是"分数之上"的教育，是立德树人的教育，是促进学生德智体美劳全面发展的教育，是有益学生终身发展的教育。做这些教育活动，不是为了眼前的"好"，而是为了孩子长远的"好"、未来的"好"。

教育，还是要做些"吃力不讨好"的事！

向往"读书"

《庄子·渔父》中有这般诗意的描述："孔子游乎缁帷之林，休坐乎杏坛之上，弟子读书，孔子弦歌鼓琴。"

杏花烂漫的水边高地之上，林木繁茂，孔子闲坐其中，弹琴，吟唱，弟子绕身而坐，书声琅琅。

繁茂之林，杏坛之上，弦歌不辍，书声不止。读书，可以如此从容！如此快意！

民国课本第一课即是《读书》——

学生入校，先生曰："汝来何事？"

学生曰："奉父母之命，来此读书。"

先生曰："善！人不读书，不能成人。"

一问一答之间，点出了读书进学、教书育人的要义！

旧时学堂夏日放假之时，老先生会在教室门前贴一张纸，纸上四个字："秋凉来学"。从从容容，一派静气。

秋凉有一节气叫白露，白露有三候："一候鸿雁来，二候玄鸟归，三候群鸟养羞。""群鸟养羞"是指百鸟贮存果实过冬。

白露时节，学校即开学，童子们在先生带领下，不就是在学着储备精神的粮食吗！

流沙河先生有一段回忆：他小时候读书，正值国破山河碎，一群孩子坐在茅草盖的教室里。国学老师刘兰坡先生手持一炷香，快步走上讲台，微一鞠躬，对孩子们轻声说："我燃香而来，望诸君努力。"

这香，是书香，是文明的薪火。

学堂是薪火相传的地方，薪不尽，则火不灭！

国学大师钱穆常给学生讲一故事。

他曾路过山西一座古庙，见一道士正在清除庭院中枯死的柏树。钱穆好奇问："这古柏虽死，姿势还强劲，为何挖掉？"老道士说："要补种别的树。"钱穆问："种什么？"道士说："夹竹桃。"钱穆大为惊异："为何不种松柏，要种夹竹桃？"老道说："松柏树长大，我看不到了；夹竹桃明年就开花，我还看得见。"钱穆听后大为感叹："士不可不弘毅，任重而道远。"

钱穆常以此勉励学生：读书之人，要潜心向学，不只"种桃种李种春风"，更应"种松种柏种永恒"！

由"手表定律"想到的……

有这样一则寓言故事：

森林里住着一群猴子，每天日出觅食，日落而息，日子过得平淡而幸福。

一名游客穿越森林时，把手表落下，被猴子"猛可"拾到了。"猛可"很快弄清了手表的用途，于是，它成了整个猴群的明星，整个猴群的作息时间由"猛可"来规划，由此"猛可"当上了猴王。

做了猴王的"猛可"认为是手表给自己带来了好处，于是它每天在森林里寻找，希望捡到更多的手表。功夫不负有心人，"猛可"又捡到了第二块、第三块表。

但"猛可"却因此有了新的麻烦：每块手表的时间显示不尽相同，哪一个才是确切的时间呢？"猛可"被难住了。猴群也慢慢发现，当有猴子再来问时间时，"猛可"总是支支吾吾回答不上来。"猛可"的威信大降，整个猴群的作息时间也因此混乱。

这就是有名的"手表定律"：只有一块手表，可以知道时间；拥有两块或两块以上的手表却不能确定时间。

"手表定律"告诉我们：一个人不能同时由两个或两个以上持不同意见的人指挥，也不能同时选择两种不同价值观。这个定律对家庭教育具有一定启发作用：在家庭教育中，孩子的父母双方一定要统一思想、统一价值观、统一教育方式方法，如果父母双方家庭教育思想、价值观、方法不一致，甚至自相矛盾，则孩子就会无所适从。如果还有祖辈参与孩子的教育之中，则更要先与孩子的父母统一思想、价值观和方法，否则家庭教育就会混乱不堪。

还有一个小故事：

女孩买了一条裤子，一试穿长了，就去请奶奶帮忙剪短一点，奶奶说忙暂时没空；找妈妈，也没空；找姐姐，还是没空。女孩失望地入睡了。奶奶忙完家务活想起了孙女的裤子，就把裤子剪短了一点，姐姐回来又把裤子剪短了一点，妈妈回来也把裤子剪短了一点。最后，这条裤子已没法穿了。

家庭教育的失误有时在于：要么都不管，要么都来管。"都不管"和"都来管"，都会造成家庭教育的偏差甚至混乱。

如何陪伴孩子

在家庭教育、家校共育中，"陪伴孩子"成为了大家的共识，越来越多的家长都积极创造条件来"多陪陪孩子"。但如何陪伴孩子，如何陪好孩子却是大学问，不少家长也因此陷入了新的"陪伴困惑"。在这里，我尝试提出一些科学陪伴孩子的方法和建议。

和孩子一起吃饭。研究表明，长期坚持与家人一起吃饭，尤其是与父母一起吃饭的孩子，长大后自卑、焦虑、抑郁倾向的风险都很低。

和孩子一起游戏。儿童的本质是"玩童"，好玩、好动、好奇、好游戏是儿童的天性。有研究表明，如果成年之后出现心理问题，其中一个很重要的原因可能就是童年时的"游戏缺失"。所以，家长不妨让自己也回归童年，与孩子做一做游戏，或者做一些适合家庭场所的体育运动。

和孩子共处时不玩手机。经常看移动设备屏幕的孩子大脑会发生永久性改变，表现为记忆力、关注度、语言表达和社会交往能力明显下降，因此家长应给孩子树立良好的榜样。

给孩子分配家务。从小让孩子学会分担家务，培养责任担当意识和基本劳动习惯。研究表明，童年时期常做家务活的孩子，长大后职业发展更成功。

给孩子读书听。父母经常给孩子念书听，或者经常讲故事，可以在无形之中提升孩子语言、阅读和识字能力，而且孩子在今后的学习中也表现出更强的词汇、拼写和数学技能。

给孩子犯错纠错的机会。允许孩子失败至关重要。孩子是在成长中不断犯错纠错的人，父母也要有等待的耐心，让孩子做错了、失败了，再大胆尝试、再慢慢改进，千万不可性急，看到孩子看似幼稚的失败就不耐烦，动手代之。要知道让孩子在失败中不断尝试，就是最好的耐挫教育。

站在校园看"双减"

开学已两周时间，"双减"工作在校园里稳步推进，通过两周来的观察、摸索，我对学校实施"双减"工作有以下几点思考。

第一点思考：吃好午餐、睡好午觉是基本前提

"课后服务"并不等于"延时放学"，延时放学只是课后服务的一部分，学生中午在校吃午餐、睡午觉也是课后服务重要内容。

一般学校都是在中午十二点左右为学生提供午餐，如果延时放学到下午六点钟左右，则学生下午在校近六个小时，就需要足够的能量和清醒的头脑来支持，如果没有吃好午餐、睡好午觉，下午的学习就很低效，延时托管服务更是低效甚至无效。因此，学生在校吃好午餐、睡好午觉十分重要。在征得家长同意的情况下，学校还可以创造条件，为学生下午的延时托管适当提供晚点，解决学生肚子饿的实际问题。

第二点思考：延时托管服务重点是做好作业

虽然大家都知道"1+X"是延时托管服务基本要求，但我认为"1+X"的"1"是首先要保证的，在做好"1"的基础上可以做好"X"，也就是说首先要保证学生在校完成作业，同时考虑学生的兴趣特长活动。没有"1"的保证，"X"就可能成为花架子。如我们学校提出"不带作业本回家"的基本要求，就是避免"晚间服务是鸡肋，回家还得做作业"的尴尬。

另外，我们还在研究延时托管服务工作质量标准，给所有参与晚间托管服务的老师一个基本工作标准，确保托管服务的效率和质量。延时托管服务吸引学生参与、让家长满意最重要的还是"含金量"，不是简单的"延时"，更不能是"混点"。

第三点思考：家长和学生自觉自愿是基本原则

学生参与课后延时服务绝对不能"一刀切"，一定要尊重家长和学生意愿，尊重家长和学生实际需求，一定要因人而异、尊重差异、尊重选择。

如我们学校就给少数有不同选择的学生量身定制，为每个有不同选择的孩子做了专用的出校牌，注明其出校的时间，并派专人在校门口和保安师傅一起守护这些有特殊需求的孩子放学，学生则亮牌出校。

第四点思考：提升课堂教学效率才是根本

众所周知，"双减"绝对不是"一减了事"，而是在做减法的同时做好加法。"双减"有两个目标：学生减负，教育提质。要实现"学生减负，教育提质"，主阵地、主战场就是在课堂。课堂教学永远是学生发展的"正餐"。

如何提高课堂教学效率和质量呢？途径和方法可能有千万种，但其主旨就是一条：把课堂还给学生，把时间还给学生；让学生站到课堂的中央，站到学习的中央；把"讲堂"真正变为"学堂"。我把它概括为八个字：精讲精练，分类分层。也就是说，把有些基本练习和作业放在课堂上当堂完成，而且布置作业练习时一定要关注到差异，做到分层作业、菜单自选，解决好有的孩子"吃不下"、有的孩子"吃不饱"的根本问题。

第五点思考：改革评价是落实"双减"的"牛鼻子"

有什么样的评价指挥棒，就会有什么样的办学行为和教学行为，紧紧抓住教育评价改革这个"源头"和"牛鼻子"，"双减"政策才能更好落地实施。

对小学而言，就是要按照"双减"政策要求，不随意举行考试，即使是中高年级的考试也要淡化分数，不断倡导和树立"进步即质量"的评价观和质量观。对初中而言，就是要不断研究中考，改革中考的内容和方式，不刻意增加中考的难度。

第六点思考：集团化办学、学区建设、学联体建设等是长远之策

"双减"的目的是促进教育回归本质，实现教育公平，最根本、最长远的还是实现教育优质均衡，让老百姓的孩子上家门口的好学校。

优质均衡并不是简单的"削峰填谷"，不是绝对平均，而是让更多的学校共同发展、共同进步，这就需要优质学校尽好自己的责任和义务，把优质资源、优秀经验辐射到更多学校，集团化办学、学联体建设、学区建设等在很多地方都有有益尝试，确实是有效之策。

语文可以这样学

　　人们常说：数学是清清楚楚一条线，语文是密密麻麻一大片。不少学生怕语文、怕写作文，想提升语文成绩却不知从何下手。语文学习真的难吗？我认为如果厘清了三个关键问题，语文就不会"密密麻麻"，语文学习的思路也会变得清晰。

　　第一个问题：语文到底是什么？

　　在一般人的认识里，"语"就是口语，"文"就是文章。语文就是教学生说好话、写好文章，教学生将来会进行口头表达和书面表达。

　　从专业角度来说，语文是工具性和人文性的统一体，"文以载道"，语文不仅是纸面的文字文章，更有文字背后的道理。语文其实包括文字、文章、文化、文明这几个层面，写在纸上的是文字，印在书中的是文章，传递的是民族文化和人类文化，透射的是中华文明和人类文明。

　　第二个问题：语文到底学什么？

学语文就是学语文书吗？学语文绝不是仅仅学几本语文书，语文教材是学习语文的重要载体，但学语文不等于学语文书，而是通过语文教材的学习、拓展和延伸，提高听说读写能力，提升语文素养，培植热爱祖国文字、文化、文明的情感价值观。

语文是听讲听出来的吗？语文学习绝不仅仅靠听老师讲，语文课堂绝非学习语文的唯一场所，语文的功夫常常在课堂之外，真可谓"语文"更在"《语文》"外！

第三个问题：如何学好语文？

其实古人早就很智慧地告诉我们学习语文的方法和诀窍。古人说"熟读唐诗三百首，不会作诗也会吟""书读百遍，其义自见""读书破万卷，下笔如有神"等等，都表达了一个意思——练好"童子功"，厚积而薄发。在今天，学好语文可以概括为四句话：

一是"写好字"。学好语文，首先要把汉字认对、认准，把祖国文字写对、写好。如我们学校每天进行书法练习、每天坚持听写就是"写好字"的有效方法。

二是"说好话"。就是能够流利、有感情地朗读诵读，并能大胆、大声、大方地进行口头表达。像我们学校各学科每节课前三分钟轮流演讲就是比较好的方法。

三是"读好书"。广泛阅读有益书籍是提升语文素养的必由之路，这在当前已形成共识。但这种课内外阅读不是漫无目的地读，更不是为了读书而读，而是要积极引导孩子读书，如很多学校都在做的"阅读升级"活动，就是一种较好的引导阅读方式。当然，除了阅读经典名著的"有字之书"外，还要带领学生读"无字之书"，读"自然"这本大书和"社会"这本厚书，亦即古人所说："世事洞明皆学问，人情练达即文章。"

四是"作好文"。不是功利性地写好应试作文，而是培养学生写作兴趣和习惯，让学生不怕作文，乐于动笔，勤于表达。我们学校每天坚持让学生进行"童书创作"，就是让学生自由写作，乐于动笔，久久为功。

记得国学大师刘文典先生谈学好中文时用了一个形象的说法——"观世音菩萨"："观"，阅读观察；"世"，世间万物，社会百态；"音"，语音韵律；"菩萨"，善良心肠，慈悲之怀。做好这几个字，还真的能够超越《语文》课本，走向"大语文"，获得"真语文"。

新学期的"三问"

一问：什么是好学校的样子？

好学校应该有看得见的"四个面"：

地面干干净净（校园、教室、办公室等干净整洁）；

桌面整整齐齐（师生养成勤收拾、善自理的好习惯）；

墙面密密麻麻（让每面墙壁都成为文化，都能说话）；

人面开开心心（师生脸上洋溢着教育和校园生活的幸福）。

二问：什么是好学生的样子？

全面发展的学生应该呈现"五个有"：

手里有书（学生爱读书，爱求知，爱学习）；

眼中有光（学生眼中透射出少年儿童独有的清澈的亮光）；

脸上有笑（学生葆有少年儿童天真无邪的笑容）；

心内有爱（学生有对世界万物、对党和国家、对人的爱）；

脚下有力（学生有生命、生活、生长的力量与活力）。

三问：什么是好教育的样子？

好的教育要着力培养学生的"五颗心"：

忠心（忠于党、忠于国家、忠于人民）；

爱心（爱党、爱祖国、爱人民、爱社会、爱家乡）；

孝心（孝敬长辈，尊敬师长）；

专心（专心学习，刻苦钻研）；

戒心（遵纪守法，遵规守矩）。

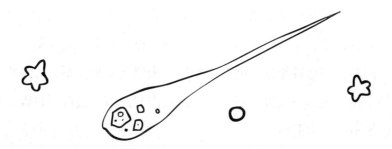

让"体育"真正落地

据相关调查，我国青少年体质呈持续下降趋势，学生普遍运动能力不强。究其缘由，虽有当下生活方式及社会性客观原因，但学校体育作为体育文化、体育精神、体育能力传习的主阵地，也有很大可提升空间，亟待解决三个问题：一是各年段不能有机衔接，未建立完整体系；二是重竞赛成绩、轻全体学生体质发展；三是体育课程内容过多、过散、过碎，造成学不深、学不透、学不精。

综观当下的学校体育工作，不乏体育教育理念的创新，但针对以上典型问题，缺少如何予以解决、如何落地的策略和行动。近年来，我校多次组织体育教师研讨，最终形成了"整体设计，落小落实，化繁为简，由简至精"的行动策略，统筹规划和落实学校体育工作的六个方面，确保学校体育工作有效落地。

一、重构室外体育课

室外体育课，是学校体育工作的主阵地。在全面落实周课时量的基础上，我们确立了"强化体育技能项目训练，传承优秀中华传统文化，重视体育精神品质提升，全面提高体质健康水平"的总体目标。在学习内容上，以三大球、五大方面的身体素质、经典传统体育游戏、中华武术为核心内容；在学习方式上，实行大单元教学，每个项目单元学习时间为15—18个课时，力求让学生做到四会，即"会做、会赛、会评、会组织"；在教学具体环节上，实行"五个一"的教学步骤，即：进行一次提升精气神的队列练习，做一次国家颁布的广播操，教学一项主要学习内容，训练一项身体素质锻炼内容，开展一项课堂小型体育竞赛。

二、夯实室内体育课

由于天气及环境原因，室内体育课占据了学校体育课程不小的比例，但长期以来室内体育课教学被弱化和边缘化，基本流于形式。为了有效落实室内体育课，我们确定了四个基本内容和环节，即：体育健康知识，棋类活动，室内体育游戏，适宜在室内开展的身体素质练习。学校体育教研组通过系列"样板课"的研究，创建室内体育课的基本模式，并在教研组内实现资源共享，让学生在室内体育课上学到知识，得到锻炼。

三、抓好体育大课间

每天的体育大课间是培养集体主义精神、锻炼身体素质的有效时机。为了保障大课间的质量，我们提出"四个好"的明确要求：一是走好，进退场井然有序；二是站好，各班队列安静整齐；三是做好，动作标准有精神；四是练好，保质保量完成相应的身体素质练习。大课间表现每天进行及时评价，纳入到班级管理评价体系之中。同时，明确要求全体教师与学生一起参与大课间锻炼，培养教师的运动意识和习惯，为学生作出榜样。

四、强化体育家庭作业

体育家庭作业是培养学生体育锻炼习惯的一个有效途径。从本质来说，体育不是要花样百出，重要的是把一项运动坚持成为习惯。由此，我们以"易操作，易完成，易坚持"为宗旨，根据体育锻炼科学规律和儿童身心发展规律，将每天晚上的体育家庭作业设计为四个步骤，我们称之为"体育家庭作业四部曲"：准备活动——完整做一次广播操；主体活动——定量跳绳（低年级300—400个，中年级400—500个，高年级500-600个）；延伸活动——做两次坐位体前屈（每次持续15秒左右）；放松活动——进行3分钟左右慢走或静坐放空。同时，每周在体育课上进行体育家庭作业的展示，对坚持得好的同学予以表扬鼓励。

五、丰富学校体育活动

学校体育活动可以充分展示学生运动能力，激发运动兴趣，提升体育精神。每学年，学校举办人人都参与的"四季运动会"，包括冬季专项运动会、春季达标运动会、夏季田径运动会、秋季趣味运动会；每个月，举行一次体育游戏节；每学期中，以年级为单位，开展年级足球赛、篮球赛、排球赛等球类比赛；日常教学中，学生可自主申报，参与体育项目"校园吉尼斯挑战赛"；六年级毕业季，举行"毕业体育嘉年华"……

六、优化体育社团建设

体育社团是提升学生体育兴趣和水平，营造体育运动氛围的重要渠道。我们在组建体育社团时，一方面关注学生体育特长的培养和发展，提高学生专项运动水平，培养优秀体育团队，选拔体育尖子生，做到"扬长"；另一方面，为身体素质不达标、运动能力不够好的学生组建专门的社团，选派体育老师有针对性地进行指导、训练，逐步培养这部分学生体育锻炼兴趣和习惯，做好"补短"。从而，让优者扬其长，弱者补其短，力争体育锻炼"一个都不能少"。

从"医疗的本质"到"学习的本质"

最近读了一篇名为《医疗的本质》的文章。

在文章中，作者给我们科普了"医疗的本质"：病是怎么治好的？医生和病人在治疗过程中分别起了什么作用？其实，所有的医疗行为只是起到支持的作用，最终治愈疾病的，还是病人的自我修复能力。换句话说，医疗的本质是医生支持病人生命的自我修复。

医生用药物、手术、医嘱等帮助病人赢得时间、创造条件、慰藉心理，其目的还是帮助和支持病人进行身体的自我修复，而最终战胜疾病还是靠人体自身。身体的自我修复能力，是人战胜疾病的根本武器。

医疗的本质如此，学习的本质何尝不是这样呢？

我认为人的学习可以分为三种不同的类型：一是"蜘蛛式学习"，坐而待食，靠老师或他人来"喂"知识；二是"蚂蚁式学习"，做的是知识搬家、囤积知识的活儿；三是"蜜蜂式学习"，采集百花，终酿成蜜。很显然，我们更应该是"蜜蜂式学习"，把别人的东西变成自己的东西，把书本的东西变成运用的东西，把"死知识"化为"活智慧"。也就是说，真正的学习要"化知为智"。

老师们都听说过这样的一段话：教学有法无定法，因人而异定好差。教到字面算功夫，学到心里属内化。这段话告诉老师们：教无定法，"学"字为先；以学为主，内化为重。课堂绝对不是老师的"演堂""讲堂"，而是学生的"学堂"和"舞台"。

老师在学习中的角色，应该是一个主持人——穿针引线，加油鼓劲，激发学生自我学习；应该是孔子所说的"启发式"——"不愤不启，不悱不发"；应该是苏格拉底的"产婆术"——帮助学生产出知识，为学生"接生"智慧。

在具体的教学中，教师就要启发、引导学生自主思考、深入思考，可经常性地引导学生思考几个问题：你听清楚了吗？你理解了吗？你有没有自己的体会和想法？这个问题你可以怎样学以致用？你对此还有没有疑问或不同意见？

什么是学习？一切学习归根结底是自我的学习。什么是教育？教育就是发现、帮助和激发，发现每个孩子不同的潜能，帮助他找到自己的发展方向和路径，并激发他朝着这个方向走下去，成为更好的自己。

《麦田的守望者》书中有这样的一段话：我老是在想象，有一大片麦田，有一大群孩子在麦田里游戏，成百上千个孩子，而周围也没有什么大人，我是说除了我。而我呢？就坐在那悬崖的边上，如果有哪个孩子朝悬崖奔过来，我就把他拦住。我成天就愿意、就喜欢做这样的一件事，我愿意做一个"麦田的守望者"。这幅美好的教育画面，就形象地描述了学习的本质。

记得小时候，长辈们常跟我说这样一句话：学习还得靠你自己，老师又不能钻到你肚子里。看似一句大白话，实则揭示了学习的本质。

中小学教师如何做课题

当前，各级教科研部门和学校都要求中小学一线教师做科研、做课题，各种评比把一线教师做科研、做课题作为评比条件，似乎不做科研课题、不会做科研课题的老师难以成为优秀教师。

中小学一线教师在繁忙、繁杂的教育教学之中、之余，不少人并非出于内在兴趣做科研课题，难免会出现一些认识和行为上的偏差，主要有以下三个典型问题：

一是功利倾向。"上有要求，下有对策"，不少人为了做课题而做课题，有的为了应对上面要求，有的为了装点门面，有的为了拿结题证书参加评比，不是发自内心想做，不是为了教育教学所需、自身发展所需和学生发展所需。

二是不接地气。有些课题比较宽泛，没有很好立足日常教育教学的地面，没有很好对接教育教学真实问题，没有找到精准的问题切口，与师生真实发展形成"两张皮"，失去了科研课题的本来意义。

三是缺乏过程。有些科研课题研究，开题就是为了结题，缺乏日常研究，缺乏研究过程，缺乏过程中的师生成长，出现"轰轰烈烈开题，热热闹闹结题，拼拼凑凑写报告，急急火火做资料"的怪象，以致"做"课题成了"整"课题、"写"课题、"评"课题。

我在与老师们商讨如何做科研课题时，共同确立了一线老师做科研课题的基本原则、目的和要求："三原则"——不做假课题，要做真课题，实现真成长。"三不"——不是为了做课题而做课题，不是为了装饰门面做课题，不是为了结题证书评级晋级做课题。"三重"——重问题导向，要实实在在解决日常教育教学中真实问题；重研究过程，要结合日常教育教学工作，在扎扎实实的研究过程中，持续思考探索，积累一手资料，养成科研意识，形成研究习惯；重能力提升，在不断思考探索、反思积累过程中，提升教师教育教学能力，并最终作用于班级和课堂，提升学生学习能力，促进学生发展。

我和老师们共同总结出科研课题研究的"三做"：

一是"做老鹰"。能够居高望远，理解党和国家的教育顶层设计与政策法规，洞察国际国内教育发展前沿动态，了解当前教育研究最新成果，尤其是了解自己要研究的课题最新研究动向，不能坐井望月、闭门造车，避免重复研究和无效研究。既要根植泥土，立足地面，又要抬头看天，登高望远。

二是"做啄木鸟"。寻找和发现日常教育教学中、学生成长发展中的实际问题、真实问题、身边问题，用教育科学研究的方法，针对问题、提出问题、研究问题、解决问题，真正体现科研课题的问题导向，真正体现科研课题研究中的现场意识和学生本位。

三是"做翠竹"。不断向下扎根，向上生长，扎根校园、班级、课堂，获取丰富而鲜活的第一手研究素材，探索提炼普适性的方法和规律，在过程中既获得具有生命力的研究成果，又获得个人理念、方法、能力的成长。这样的课题研究，来源于泥土，作用于地面，自然形成一种可贵的"地头力"，促进师生的真实成长和共同成长。

什么是好的教育

晚上八点钟左右。

一辆后座码满了货物的电动车从我面前驶过。突然，只听见一阵声响，电动车载着的货物散落一地。原来是捆绑货物的绳索松动，导致货物洒落，骑电动车的大叔望着满地的大小纸盒，一时茫然失措。

我连忙走上前去，示意骑电动车的大叔去捡拾货物，我来帮他扶电动车。他感激地道了谢，就手忙脚乱地去拾货物。这时，一位染着黄头发的小伙子走上前来，走到电动车的外侧，一声不响地举起手来，做着手势提醒过往车辆绕行。

不一会儿，一位妈妈带着一名男孩走了过来，只听见这位妈妈亮着嗓门对儿子说："来，儿子，我们来帮忙。"说着，就带着儿子去帮忙捡拾地上的货物。这个男孩大约正在读初中，笑着和妈妈一起忙了起来。

我看到刚才还一脸愁容的大叔，脸上一下子舒展开来，连声说谢谢。

不一会儿，散落在地上的二十几只纸盒子又回到了电动车的后座。大叔把捆绑货物的绳子绑了又绑，口里不停地说"谢谢"。确认无误后，大叔从我手上接过电动车的把手。待他回头再去向其他人正式道谢时，那名染着黄头发的小伙子和那对母子已一声不响地离开了。

大叔感慨地对我说："我们这些人每天风里走，雨里跑，这样的情况我碰到了好几次，每次都有人来帮忙。这个社会还是好人多呀！"

我答非所问地回了他一句："这个妈妈真的了不起！"

走在回家的路上，我还想着刚才的一幕，这是助人为乐的一幕，是人心向善的一幕，也是良好家教的一幕。

什么是好的教育？正如刚才那位妈妈教孩子——"教，上所施下所效也；育，养子使作善也。"

"新课标"到底要做什么

2022版义务教育"新课标"一经发布，引起社会广泛关注，大家都能感觉到"新课标"将带来义务教育教育教学工作的新变化。那么"新课标"到底要解决什么问题，到底要做什么呢？我认为它主要想做三件事。

一是"补钙"。

补钙，就是在坚定"为党育人，为国育才"的前提下，进一步强化理想信念教育、爱国主义情怀教育、必备的品格培育和社会主义核心价值观引导。具体来说，就是教育和引导学生热爱党，热爱人民，学习党的伟大精神；努力学习和弘扬社会主义先进文化、革命文化和中华优秀传统文化；理解和践行社会主义核心价值观；初步树立共产主义远大理想和中国特色社会主义共同理想。

如何补钙，就是要做到课程思政，课程育人；聚焦中国学生发展核心素养，培养学生适应未来发展的正确价值观、必备品格和关键能力；扎根中国大地办教育，让孩子生长在我们的土地上，从小拥有一颗"中国心"，成长为德智体美劳全面发展的社会主义建设者和接班人。

二是"止痛"。

针对当前教育教学不同程度存在的痛点难点问题，问诊开方，巧妙用药。

痛点一：忽视差异的"一锅炒"。针对此痛点，强调面向全体学生，因材施教，打好共同基础，关注地区、学校和学生个体差异，增加课程和教学选择性、适宜性，适当分类分层对待，做到一个都不能少。

痛点二：纸上谈兵的"动口不动手"。对此，加强课程与生产劳动、社会实践的结合，注重实践性教学、探究性学习，注重知行合一、学思结合、动静相宜，倡导"做中学""用中学""创中学"。

痛点三：题海战术的"去问号教学"。为此，强调乐学善学，勤于思考，保护学生好奇心、求知欲和问题意识；鼓励学生乐于提问，敢于质疑，学会在真实情境中发现问题、解决问题，培养探究能力和创新精神，并注重自主合作探究学习。

三是"活血"。

针对原有教育教学中的割裂和壁垒现象，打通经络，打破壁垒，提出适切的解决之策。

壁垒一：学科壁垒。

提出课程综合的基本理念，推行大单元教学、跨学科主题学习和跨学科项目学习，打破原学科之间的壁垒，加强学科之间相互关联，打通学科融合、学科综合的通道。

壁垒二：学段壁垒。

加强学段衔接，依据学生从幼儿园到小学、初中的认知、情感、社会性等方面的发展，合理安排不同学段内容，体现学习目标的连续性和进阶性，并为学生未来进一步学习做好准备和铺垫。同时，在不同学科安排贯穿学段的学习任务群。

壁垒三：评价壁垒。

各学科课程标准针对"内容要求"提出"学业要求""教学提示"，细化了评价与考试命题建议，注重实现"教学评"的一致性，从而达到"为什么教""教什么""教到什么程度"与"怎么教"的有机统一。

我心中的德育

有人说：德育有时就像一壶难以烧开的水。德育的确难以一蹴而就、立竿见影，更别奢想一招制胜、一剑封喉，但德育这壶水是可以用心、用情、用法烧开的。

德育的"三套马车"

一是"上行下效"。我坚信"榜样的力量是无穷的"。《说文解字》中说"教，上所施下所效也；育，养子使作善也"，俗语说"跟好人学好人，跟燕子学飞禽"，讲的都是上行下效的深刻道理，对成长中的学生来说，家长、老师、同伴的榜样作用和正面影响尤为重要。

二是"春风化雨"。我认为，教育需要文火慢炖。教育是"一棵树摇动一棵树，一朵云推动一朵云，一个灵魂唤醒另一个灵魂"的事业，在这个过程中，需要感染熏陶、潜移默化、文火慢煨。"春风化雨"重在一个"化"字，包含着感化、教化、化育、同化、深化、转化、内化、变化等多重含义。孩子们经历了优雅而漫长的春风化雨，才会最终化蛹成蝶。

三是"刻骨铭心"。我认为：没有体验就没有真正的教育。千百次的说教，不如一次刻骨铭心的实践体验。在学生成长中，只有经历一次次深刻的实践体验，才能把浅表的认知逐步定格为自觉的行为。

德育的"三字诀"

一是"理"，即"道理"。德育从认知开始，从道理开始，要做到讲道理、学道理、知道理、懂道理，人们常说的"读书明道，知书达理"就是教育的开端。

二是"情"，即"情意"。这个环节，在多感官体验中，需要唤醒和激发学生真实的情感，让学生产生强烈的情感共鸣，并在此基础上形成稳定的情感意志，从"激情""共情"到"真情"。

三是"法"，即"法度"。在教育中，适宜的秩序、准则和制度也是必不可少的。学校的规章制度怎么来、怎么用、达成什么效果呢？我认为：制度其实有两个功能，一是约束，二是解放。约束是初始阶段，解放是终极目的。因此，学校可以走"商制度、守制度、化制度"之路：由学校多个办学主体，包括管理者、教师、学生、家长等一起来商定制度，尤其是让最重要的主体——学生参与其中，这样的制度才有生命力；大家共同商定的制度由大家共同来遵守执行；最终还需要把纸上、墙上的制度化为内心的准则，并创造性地用好制度。

由以上的"三字诀"可以衍生出"德育三部曲"，即：明理、共情、自觉。"明理"是前提和基础，"共情"是方法和过程，"自觉"是目的和结果，最终达到变"要我做"为"我要做"，化"要求"为"自求"，由"他觉"到"自觉"。

德育的"三个隐喻"

一是"泡菜水"。做德育需要调制好"泡菜水"，也就是说，需要首先在学校内外营造一种积极向上的人文环境和文化氛围，让置身其中的学生在潜移默化中得到浸染熏陶。在生活中，泡菜水的味道决定了泡出来的泡菜味道；在教育中，"泡菜水"的品质决定着学生受教育的品质。

二是"紫砂锅"。炖食物人们通常会选用两种方式：一种是高压锅，达到快速炖熟炖烂的效果；一种是用紫砂锅，长时间慢慢煨熬。做德育也有两种不同方式：一种是"高压锅式"，追求短时、高压，以求快速催熟；一种是"紫砂锅式"，讲究细火、慢煨，保持原汁原味。德育应选择"高压锅式"还是"紫砂锅式"，不言而喻。

三是"回锅炒"。已经被炒熟炒脆的花生、瓜子等食品，放置一段时间后，往往会出现回生、回潮现象。德育亦如是，已经教育过的东西过一段时间之后，在有些学生身上会出现"回生""回潮"问题，这个时候，就需要进行"回锅炒"。不过，"回锅炒"与初次炒制所用的火候、时间、方法却有所区别。做德育的确不可能一劳永逸，需要根据学生身心成长特点和规律，不断回环往复，螺旋上升。

我的四个教育准则

---------------------------•---------------------------------------

很多教育人都会追问自己一个问题：到底什么是教育？

我觉得讲得较好的有两句话：一句是《说文解字》里对"教育"一词的注解："教，上所施下所效也；育，养子使作善也"；一句是《中庸》开篇的话："天命之谓性，率性之谓道，修道之谓教。"后来，我将其转化为自己的表达："顺应天性，尊重个性，培养社会性。"

从教36年来，我一直坚守"天道人性"，逐步形成了心中的四个教育准则。

第一个准则：一个都不能少

前不久，一位教育同仁给我讲过一件事：有位校长调任一所学校，翻阅校友名录，忽然冒出一句："那几届好像没有出什么人。"这位同仁听了十分诧异，这是什么话？原来，这位校长眼中的"人"，是"高官""名人""富商"，其他普通毕业生在他眼中好像都不算"人"了。这位同仁很感慨：在有的学校、有的校长眼里，居然还有这样低俗的、势利的价值观。如果一个校长眼中有这样的"认人"标准，那才是"目中无人"。

我经常想：好学生人人会教，优秀教师的可贵之处在于教好别人教不了的学生。看到"问题学生"头痛的，做不了好老师；看到"问题学生"心疼的，才做得了好老师。

"没有差异就没有教育"。学校和教师首要的是承认差异，因材施教：能观照学生差异，做到"一个都不能少"的学校，才是一所好学校；能关注学生差异，做到"一个都不能少"的老师，才是一名好老师；能量体裁衣，教育好"后10%""后三分之一"的老师，才是真正意义上的人师。

第二个准则：好习惯比100分更重要

每天早上，我会早早地站在校门口，迎接师生上学，我的关注点与门口的警察、保安、家长和老师不一样，我会特别关注学生的基本习惯：学生在校门口见到保安师傅、值勤老师是否行礼问好？学生是否自己背书包上学，而不是家长代劳？少先队员是否认真地佩戴好红领巾？……遇到个别忘记问好的同学，我会主动向他问好，以示提醒；看到个别忘戴红领巾的同学，我会把自己手上拿的红领巾暂"借"给他，让他长长记性；见到个别让家长背书包的低年级小朋友，我会很郑重地告诉他，自己的事情一定要自己做。

我经常想：中考高考、未来人生中的考试，表面考的是分数、成绩，实际上考的是分数之外和分数之上的东西：有健康的身体才能坚持下来，有强大的心理才能笑到最后，有良好的习惯才能考出高分，有健全的人格才能得到更多的合作与帮助。中小学教育，说到底就是培养好习惯。

我任湖北省武昌实验小学校长十多年来，一直坚持培养学生的"八个好习惯"：见人问声好，走路靠右行；清洁自己做，饭菜吃干净；写字姿势正，做操有精神；每天勤读书，主动常提问。

第三个准则：一切学习都是自我的学习

人的学习可以分为三种不同的类型：一是"蜘蛛式学习"，坐而待食，靠老师或他人来"喂食"；二是"蚂蚁式学习"，做的是知识搬家、囤积知识的活儿；三是"蜜蜂式学习"，采集百花，终酿成蜜。很显然，好的学习应该是"蜜蜂式"，把别人的东西变成自己的东西，把书本的东西变成生活运用的东西，把"死知识"转化为"活智慧"。也就是说，真正的学习是"化知为智"。

老师在学习中的角色，应该是一个"主持人"，穿针引线，加油鼓劲；是孔子所说的"启发式"，不愤不启，不悱不发；是苏格拉底的"产婆术"，帮助学生产出知识，接生智慧。老师在学习中的作用，就是发现、帮助和激发，发现每个孩子不同的潜能，帮助他找到自己发展的方向和路径，激发他朝着这个方向走下去，成为更好的自己。

一切学习归根结底是自我的学习。老人们常跟后辈说这么一句话：孩子，学习呀，还得靠你自己，老师又不能钻到你肚子里。

第四个准则：要有爱也要有当头棒喝

有一所县一中，在高考之前邀请一位很有成就的校友回校，给学弟学妹们做励志报告。这位校友满怀深情地讲道：他读高中的时候，家里很贫穷，甚至不能在学校食堂购买饭菜，大多数时候在学校食堂买米饭就着从家里带来的酱菜吃。每个星期天，他都会从家里拎着几瓶酱菜来上学。然而，就是这酱菜，母亲每次都是精心地调色调味，做得色香味俱全。母亲的酱菜陪伴他整个高中时代，让他在贫困中感受到浓浓的母爱，感受到一种乐观向上的生活态度，体会到贫困的生活也可以多一点色彩和味道。

更让他难忘的是，曾经有一度他与社会上的小青年玩到了一起，险些滑入深渊。他的父亲在一个星期天的下午，与他面对面坐下，用复杂的眼神盯着他看了好半天，什么都没有说，起身的时候，猛地给了他一巴掌……这位校友动情地说："时至今日，我还留恋母亲的酱菜，也感谢父亲的巴掌，是母亲的酱菜让我对生活充满了希望，而父亲的巴掌对我犹如当头棒喝，让我猛然惊醒。"

好的教育一定有不可分割的两面：一面是赏识鼓励，一面是批评警醒，如同一枚硬币的两面，又犹如油门和刹车。带着笑的赏识鼓励和带着泪的批评警醒，是父母之爱、教师之爱的两种不同表现方式，都是孩子成长过程中不可或缺的营养。

其实，决定孩子发展最根本就看两颗"种子"：一是主动性，二是自制力。两方面发展充分且平衡的孩子，才可能发展得更理想。而孩子主动性和自制力的形成，与赏识鼓励、批评警醒密切相关。

我们每天面对的是谁？

有一所比较特殊的学校，接纳了很多不被其他学校接纳的学生。学校所做的第一件事，就是帮助学生做内心修复。持续一段时间后，学校让学生谈谈来这里之后和来之前发生了什么变化。有个学生只说了一句："在这里，我感到自己是个人。"

这句话后来有老师发到群里，孩子的母亲看到后，痛心疾首。她全心全意地爱着她的孩子，但听到孩子的心声后，她才知道自己的爱给孩子带来了多大的心理压力。在这样的压力下，孩子没能做一个内心安全、身心舒展的人。

这句话让我思索良久，作为一名小学教育工作者，我们每天面对的到底是谁？

我们每天面对的小学生，其实有三重身份：一是人，是自然之人，社会之人；二是儿童，是童稚之人，纯真之人；三是学生，是学习之人，成长之人。

我们每天面对的小学生，他们有这样好听的名字：儿童，童子，孩子，学生等。这些名字，让人一听就心生美好。

我们每天面对的小学生，还可以亲切地称呼他们：小孩，小男孩，小女孩，小朋友等。这些昵称，让人一听就心生慈爱。

每个教育工作者都要追问自己这样一个问题：我们每天面对的是谁？我们不能仅仅把学生当成一个被教育、被爱的对象，每一个孩子、每一个学生都应该是一个真正的、平等的、自由的、独立的、大写的"人"。

保护孩子的"问号"

作为教师，我们常常感到培养学生的创造力比较难，似乎创造力看不见摸不着，也无法进行量化测评。但我认为：每个孩子都具有原始的创造力，儿童的创造力是与生俱来的。

每个孩子被生下来时，来到世界上首先是一声啼哭，可不要小看这一声啼哭，孩子来到世界上的第一声啼哭就是这个新生命的第一次创造性活动，孩子用啼哭的方式完成了他人生的第一次原始创造。他用哭声告诉父母，他饿了、困了或是不舒服了，一个人的创新之路或许就此开始。

我们都会看到这样的现象：刚刚能够拿笔的孩子，都会在家里的墙壁上、地面上涂鸦，"胡乱"画上我们成人怎么都看不懂的线条、图画。这种通常不被成人理解和欣赏，甚至还会招致责备的行为，实际上也是一种儿童原始创造力的显现。

每位父母都有这样的经历，幼小的孩子会不停地缠着你问一些稀奇古怪的问题：蚂蚁为什么会爬？鸟儿为什么会飞？月亮为什么会发光？树叶为什么会落下来？为什么会有白天和黑夜……每个孩子脑海中都有无穷无尽的问号，虽然这些稀奇古怪的问题在教科书上都能找到科学的解释，但这些"傻傻的问题"、幼稚的问号，就是儿童创造力的源泉。

我们在现实的课堂上往往会看到这样的场景，临到下课的时候，老师会问同学们：这节课的内容大家学会了吗？还有什么问题吗？同学们异口同声地回答：学会了，没有问题。于是老师心安理得，学生心满意足，这堂课的教学目标似乎就完成了。看似完成了教学任务、达成了教学目标的一堂课，实则暗藏着隐忧。

这样的一堂课，往往以追求答案正确为目的，以追求知识学会、题目会作为目标，让儿童带着问号进课堂，带着句号出课堂，把学生脑中的一个个问号教成了句号。我把这种标准答案的教学、掌握知识的课堂称为"去问号的课堂"，这种教学称为"去问号的教学"。这种教学不知不觉中把孩子的"问号"教没了，无形中扼制了学生的好奇心和求知欲，遏制了学生创造力的培育和发展。

我们能不能创设这样的一种课堂和教学：让学生带着问号走进课堂，经过课堂上不停地讨论、争辩、探究、追问、求异，打开学生思维的一扇扇天窗，让学生面对真问题、进行真思考、实现真学习、发现新问题，有所习得更有所疑思。这样，学生带着问号进课堂，下课时就会产生新的疑惑、新的追问，把开课时的一个小问号变成一个大问号、一个新问号，或是变成一个意犹未尽、持续思考、主动探求的省略号。

创造力也许较难培养，但一定可以被破坏和扼杀。保护是培养的前提，只有保护了儿童原始的好奇心和求知欲，才能培养儿童的创造力。我们教师所要做的就是要不断回归儿童的天性，回归教学的本质，不断变革自己的课堂，变革教与学的方式，从而保护儿童脑中的"问号"，保护孩子的好奇心，保护学生的问题意识。

"发明千千万，起点是一问。"真正的学习源于问题和好奇，真正的终身学习就是终身好奇，真正的创造力培养从保护儿童"问号"开始。

对 "教" 与 "学" 的再思考

综观目前中小学生的学习状态，一些学生和家长还是感到学习压力较大，学得较苦较累。其实，这只是表面的观感，实质上学生的学习主要存在四个问题：

一是 "窄"，以 "课本上学习" 为主，以知识技能训练为主，以做题为主，知识技能之外的东西学得少；二是 "死"，以 "追求标准答案" 为主，囿于标准答案，带着寻求标准答案的思路在学习，成为一个个 "小镇做题家"；三是 "被动"，以 "被动接受" 为主，按照老师和家长预定的学习计划被动地等待学习，缺乏主动追问、发现和探求；四是 "近视"，以 "考试分数" 为主，注重一次的考试成绩和分数，把一时的考试成败看得较重。

针对以上典型问题，我们的教师可对症开方，适当调整自己的教学，在以下四个方面下功夫。

一是"宽"。不把课本作为孩子学习的世界，而是把世界作为孩子学习的课本。帮助孩子打开课本之外、教室之外、校园之外的一扇扇窗户，一扇扇大门，让孩子的目光投射到自然和社会的大千世界，尤其是注重拓展学生的见识和格局，培养学生的家国情怀和社会责任感。

二是"活"。不局限于标准答案，不把标准答案作为教与学追求的主要目标，而是在课堂内外，不断释放学生的学习活力，开放学生的思维空间，引导和激励学生大胆联想、想象、思辨、追问、质疑、求异，着力培养学生的批判性思维、求异思维、创新思维，努力达到"博学之，审问之，慎思之，明辨之，笃行之"。

三是"主动"。变被动听讲、被动接受为主动思考，主动求索。教师要关注三个关键点：第一是勤于思考，引导和鼓励学生独立思考、主动求问、自主探究；第二是乐于合作，引导和帮助学生寻求互助、学会合作、伙伴共进；第三是善于实践，为学生创设动手实践的时空，让学生不停留于纸上谈兵，做到"用中学，做中学，创中学"。

四是"热爱"。成功的学习者必然源于热爱。终身学习就是终身好奇，终身热爱。教师要着力保护学生的学习天性、学习兴趣和学习热情，培育学生乐观、积极、稳定的学习情感，让学生不拘泥于一次考试分数，不为一时的考试成败而患得患失，持续保持对世界的好奇、对学习的热情、对未来的渴望。

教育，就是和孩子们在一起

很多人都看到过这样的现象：

乡下的老屋，久未有人居住，时间一长，就会变得破旧不堪。时间再久一点，可能就会自然坍塌。乡里的老人经常讲一句话：屋靠人衬。没有人住的老房子，少了烟熏火燎，少了生活的烟火气，少了人气，自然就会失去生机。

假期中的学校，没有学生上学，一下子变得安静起来，静坐其中，这种安静让人很不适应，很不自在。少了孩子们的叽叽喳喳声，少了孩子们的欢呼欢笑声，少了孩子们的尖叫声，学校好像就只是了无生气的房屋和建筑——没有孩子们的声音，没有学生的在场，学校真的就只是一栋栋建筑。

有人说：未来的教育可能会是一种智能化、网络化的学习，一位名师在线上授课，城乡的孩子都可以同时通过网络上一节"优质课"。甚至有人说：未来的学校，智能机器人可以替代老师的工作，可以替代老师进行教育教学。但我一直认为：网络永远无法替代教师的教育教学，智能机器人永远不能替代教师。教育，还是要人与人面对面，眼睛看着眼睛，心灵直面心灵。教育，是人与人、师与生、生与生的对话、相处和生活。

学校，不仅是读书学习的地方，更是人与人生活的地方。学生和老师到学校，其实是在过一种校园生活。我经常说这样一句话：学生到学校，不仅为了读书学习，也是为了寻找伙伴。学校是读书学习的地方，更是孩子寻找玩伴的地方。

开学了，孩子们回到了校园，校园像从沉睡中醒过来，一砖一瓦、一草一木又恢复了生机。一切都活了！

教育，就是和孩子们在一起！

"三个一"的书写要求合理吗

"三个一"的书写姿势要求由来已久。

每个受过学校教育的人都有这样的记忆：刚拿笔写字时，老师都会谆谆教诲我们——写字时一定要注意"三个一"的书写姿势，即眼睛离桌面一尺，胸口离桌沿一拳，手指离笔尖一寸。这"一尺一寸加一拳"的"三个一"写字姿势要求，经过一代又一代沿袭下来，似乎已经成为学生书写姿势颠扑不破的公理，也很少有人对此质疑。

但是，在日常的教学中，我发现这样一个现象：小学生，尤其是小学低年级的学生，在老师强调"三个一"的书写姿势时，能短暂地按照老师要求做。不过，坚持不了几分钟，孩子的身子就开始倾斜，握笔的手指不断地向笔尖下滑，离"一寸"的要求越来越远。刚开始的时候，我还在心里暗暗责备老师要求不到位，但时间久了，发现类似情况的次数多了，我心里就开始纳闷：真的是老师要求不到位吗？真的是学生不听要求吗？会不会是这个要求本身就有问题呢？

　　带着这样的疑问，我开始找语文老师了解情况，大多数语文老师也和我一样发现了这个问题，但老师们普遍认为是孩子的意志、毅力和韧性还不够，只要在学生书写时多提醒，反复提醒就会逐步达到理想效果。

　　难道真的是学生有问题吗？如果是学生有问题，那也只可能出现在少数学生身上，为什么大多数学生都会出现这样的情况呢？在百思不得其解之时，我就想到去问学生。孩子们说，如果做到了手指离笔尖一寸、眼睛离桌面一尺，则笔和手指遮住了纸面，眼睛根本看不到正在书写的字，而手指距离笔尖较远，手指根本无法用力。所以，写着写着，为了看清纸面的字，头就自然倾斜了；为了能够用力，手指就滑向了笔尖。

　　真的像孩子所说的那样吗？我又想到去问问儿科医生。儿科医生的分析让我豁然开朗：原来因为小学低年级学生手指还未完全发育，手指力量还不够，写字时除了用指力，还需要借助腕力。所以，他们在书写时，尽可能地让手指靠近笔尖，让整个手部尽可能贴近纸面，这样才能用上整个手部的力量来写字。而因为学生的眼睛从正面无法清晰地看清自己所写的字，所以写着写着头就偏了。

　　看来，孩子所说的直观感受与儿科医生所分析的科学依据是吻合的。一代又一代传承下来的"三个一"书写姿势要求，看似一条教育公理和定律，但却与儿童的身心发展规律不相符。我们的老师不断严格要求学生遵守"三个一"的要求，但在教育教学现场，在教育教学面临学生无法做到"三个一"的现实时，却很少有人质疑"三个一"的科学性。即使有个别老师也产生过疑惑，但面对"三个一"的惯性铁律，也没有提出过正面的疑问和追问。

　　我的思考并未到此为止，我又在追问："三个一"的要求流传这么久，肯定有其存在的理由，当初为什么会有这"三个一"呢？我反复查阅相关文献，终于明白了："三个一"是对原来用毛笔书写的学生提出的书写要求，现在学生都改用铅笔、钢笔书写，自然就无法适用现在的学生。

那么，对今天使用铅笔、钢笔书写的孩子来说，有没有书写姿势的新要求呢？经过与老师们反复研讨，请教儿科医生及相关专家，让学生反复进行试验和尝试，我得出了学生书写姿势"新三个一"的基本要求，即"眼睛离桌面一尺，胸口离桌沿一拳，手指离笔尖一指节"——"一指节"是指孩子食指第一指节的长度。

看来，没有亘古不变的教育公理定律，随着时代的发展，环境的变迁，手段工具的变化，教育应常做常新。对教育，对儿童，对规律，我们要永怀敬畏之心，不断追寻教育本质。

对学习负担的再认识

　　学习负担是教育绕不过去的一个话题，不同的人从不同角度对学习负担的认识也截然不同。

　　我一直认为减负不是完全不要负担，学习本身需要付出，需要认真努力，需要伴随着一定的负担。学习不是一味快乐，不是一味轻松休闲。减负不是减掉所有的负担，而是减掉机械、重复、无益、过重的负担。

　　首先，强迫性的东西是负担。孩子天性就是好学好问的，刚进校的孩子都是两眼放光，对学习充满兴趣，充满渴望。但很多时候成人采取的是强迫的方式，而不是设法引导、保护孩子的兴趣和动力。久而久之，孩子好学好问的天性就遭到了伤害，逐步失去了原始的兴趣和好奇，就会感受到压力和负担。如果是他确实不喜欢的东西，硬性逼他去学习，那更是导致赶鸭子上架，强扭的瓜不甜。我们看到喜欢音乐的孩子弹琴弹到多晚都觉得是享受，看到喜欢数学的孩子钻研数学题沉浸其中，乐此不疲，就是这个道理。

其次，不利于健康的东西是负担。从学习的内在规律和人的身心发展规律来看，学习需要遵循规律，讲求效率，劳逸结合。过量地刷题，超长时间的机械学习，五加二、白加黑式的学习，势必影响孩子的视力、睡眠、身心健康、心理健康，就会造成效率低下，过犹不及，这就是负担。孩子只有睡得好、玩得好，才能学得好。

最后，过重的东西是负担。给能挑80斤担子的人挑100斤的担子，他还勉强能承受，撑一撑还能行，但给他挑150斤的担子，就会压出问题来。当然，这里所说的"过重"也不是绝对的，是相对的。同样的作业，对有的孩子来说很轻松完成，甚至他还感觉"吃不饱"，而对有的学生来说，就是困难和负担，他根本"吃不下"。所以，还是需要因材施教，量体裁衣。可以分层要求，区别对待，给孩子留一个缓冲地带，不断肯定他的进步，让他逐步进阶。

我想：只要我们注重引导孩子热爱学习，保持兴趣，找到快乐，感受进步，就不会感到压力和负担，还会把适度的压力变成动力，变成努力。

激发学习兴趣有法可循

众所周知，兴趣是最好的老师。但孩子"三分钟热血式"的兴趣也常常困扰着老师和家长。

其实，对孩子的"三分钟热血"，家长不必过分担忧，因为孩子对某件事物的兴趣并非一条稳定不变的直线，自然起伏是再正常不过的现象，如果持续不变，也很容易出现倦怠。那么，如何借助外驱力，帮助孩子激发、稳定和保持兴趣呢？

一是帮助孩子发现已知中的未知。一些学过的东西，居然藏着自己不知道的秘密，对孩子而言，绝对是吊胃口的。在《小猪佩奇》里，佩奇自认为自己完全了解森林，感到兴致索然时，猪爸爸、猪妈妈引导她看到许多脚印，从而发现森林中有许多东西她还不知道，兴趣立刻被调动起来。这就是发现已知中的未知。

二是帮助孩子发现未知中的已知。譬如学习一个新的知识、新的概念，学生经过老师引导和点拨，发现其实这个新知识与之前学习过的某条规律密切相关，可以通过回顾、联系原来的旧知识来学习新知识，学生对新知识、新概念的学习欲望就会被激发出来。要知道，从学习心理学来看，把新知识和已有的知识建立联系，学习知识边界上的内容，让孩子感到有挑战又有趣，陌生又熟悉，兴趣就会得以激发。这就是发现未知中的已知。

三是帮助孩子搭建脚手架摘桃子。大提琴家马友友在回忆中谈到小时候练琴，父亲常用的方法就是将组曲分成小片段，一天练习两个小节15分钟，从爬过一个个"小山丘"过渡到乐曲较难的部分，最终攀上顶峰。所有的学习都会遇到难题，都会有难度，适当的难度是必要的，但不能把一座山直接横在孩子面前。马友友父亲拆解学习任务难度的做法，就是为孩子搭建脚手架，帮助他过渡到下一个发展水平，从而通过攀爬一节节脚手架去"摘桃子"。

四是帮助孩子树立内在的自信。孩子的一幅绘画、一幅涂鸦，家长不一定能够从艺术专业角度进行评判和指导，那么最好的做法就是对孩子的绘画作品明确表示欣赏和赞许，并非常认真、非常正式地将孩子的每一幅作品挂在家中显眼的位置，让孩子从内心感到骄傲和自豪。家长这种鲜明而有力的支持，就是对孩子兴趣的有效激发。

"读报"很有必要

201

第四章 教育的星空

    一位老人，一副老花镜，一杯茶，一份报纸，就着晨曦或者晚霞津津有味地翻读着，这是很多人儿时的美好记忆和美丽生活画面。而今，这幅画面已然鲜见。在信息技术、电子阅读不断发展的今天，人们不禁会问：读纸质报纸还有必要吗？

    我认为：读纸质报纸永远不会落后也不会消失，比起电子阅读，读纸质报纸更能够让人体会到阅读的质感和真实感，更能够让人沉静而优雅。

    近年来，我们在师生中间开展了系列"读报"活动：

    每天清晨，学校朗读亭里就有老师和学生早早到来，调试好音响，拿起前一天晚上准备好的报纸或期刊里短小精美的文章，或是前一天国内外的新闻要事，开始进行每日清晨的晨间朗读。美妙的朗读声迎接新一天的开始，迎接师生们的到来，让美好的一天从优美的文字中徐徐展开。

    每天中午，学生从午休中醒来，经过短暂的自主运动和身心调整，准备进入下午的学习。这时，学校就十分巧妙地安排了5分钟的全校读报时间，以班级为单位，班上的每名同学会按学号进行轮换，每天由一名学生进行3到5分钟的"时事播报"。有的学生会把昨天晚上读的报纸内容进行演讲，有的学生会带上纸质报纸，为同学们读一段报纸内容。这样，孩子们会逐步在读报声中，懂得"风声雨声读书声声声入耳，家事国事天下事事事关心"的真正含义。

在学校进门的两侧道路旁，专门设置了师生读报栏，由学校图书馆的老师负责每日换上当天的报纸（成人报纸在上一排，儿童报纸在下一排，让孩子能看得见），并在重大新闻或重要篇目上做上一些记号，标上红线，引导师生进行"行走中的读报"，哪怕是师生们在进出校门的行走之中，不经意地瞟上几眼，或是粗略地读上几行，也会起到"开卷有益"的效果。关键是，久而久之就会形成一种读报的氛围，使之成为校园阅读的一个有机组成部分。

在学校大门口，学校也别出心裁地设计了阅报栏。摆在校门口显眼位置的阅报栏，可让接送孩子的家长在等候时读一读，也可吸引来往路人驻足阅读。同时，实时更新的校门口阅报栏，也成为了社区的一处小微文化景点，发挥报纸应有的价值和作用。

我想说：读报并不过时，读报很有必要。

第五章

迷恋土地

Chapter 5

孩子是自然之子，万物之灵，孩子的生长更离不开土地和泥土。真正的儿童是可以在地上自由打滚的孩子，真正的学校是允许儿童在地上自由打滚的地方。

不可消逝的"放学路上"

王开岭先生写了一篇散文《消逝的放学路上》，回忆起他童年时代的放学路上，让人感到特别亲切："放学路上的每一条巷子和每一个拐角，每一只流浪狗和墙头猫，那烧饼铺、裁缝店、竹器行、小磨坊，那打锡壶的小炉灶、卖糖葫芦的吆喝声、爆米花的香味、弹棉弓的响声，还有谁家出墙的杏子、谁家树上新筑的鸟窝……"

多么生动的一幅"放学图"呀！

今天的放学路上似乎少了这些生动的元素：街道变宽了，而人行道却变窄了；店铺变得华丽了，生活味道却越来越淡了；城市管理越来越严了，小商小贩不知道赶到哪儿去了；玩具和小吃越来越精致了，儿童味儿越来越少了；楼房越做越高了，再也看不到谁家的杏子出墙，谁家树上的鸟儿做窝了……

难道真的没有放学路上吗？

只要你愿意，你就可以为你和你的孩子创造"放学路上"——

你可以试着一段时间不开车，牵着孩子的手来到公汽站，悠闲地或是望穿秋水地等车，然后把你的孩子推上、你也挤上公汽，让孩子知道城市平民的真实生活。如果幸运，你的孩子可以轮到一个座位，你就拉住公汽一侧的吊环，护卫在孩子身边，一种护犊之情油然而生。如果凑巧，上来一位老爷爷、老奶奶，你的孩子懂事地让开座位，依偎在你的身旁，你一手拉着吊环，一手拥着孩子，岂不是你和孩子最幸福的时刻！

你还可以试着把车停得远远的，牵着孩子的手，慢慢地享受放学路上的时光。那是怎样的一段美好时光呀！孩子蹦蹦跳跳地在你的身旁，叽叽喳喳地讲着课堂上、操场上、沙坑里发生的芝麻绿豆大小的事情，一本正经地说着老师间、同学间的大道小道的新闻，双眼放光地憧憬着下个月的运动会、再远一些的秋游、遥远在梦中的六一儿童节。你不厌其烦地听着、应着，有的故事已讲了不下十来遍，有的同学天天都会"榜上有名"，而他最喜爱的或者最不喜欢的老师，每天都会在他的故事中"粉墨登场"。要知道，孩子的口中永远都有说不完的话，讲不完的故事，孩子的眼中时刻怀着憧憬……

你还可以不走大街马路，而是穿堂过巷，走过巷子的最深处。在那里，你可以让孩子体会最真切的城市原汁生活。可以让孩子看看老房子门口，慈祥的老爷爷、老奶奶在晒太阳；可以让孩子拿上几块零钱，诚心诚意地蹲下身子放进乞丐老人的铁筒里；可以买一串冰糖葫芦，不去管它会不会影响牙齿；可以凑近去看看棉花是怎么弹的，听听弹弓弹奏长长短短的清脆音乐；还可以循着爆米花的香味，一路找去，捂着耳朵，看雪白的米花神奇地洒落开来……

这就是童年！这就是放学路上！

有故事才有童年，放学路上有好多故事——和你的孩子一起享受"放学路上"吧……

迷恋土地

在我的文字表述和教育讲述中，出现频率最高的是"土地"和"泥土"这两个词。

也许是从小就在黄土地上摸爬滚打的缘故，我对"土地"和"泥土"有着特别的情感，甚至于迷恋。

这土地，是在天空之下，与天空互为倒影、彼此照亮的土地；是承载着人类身体、生活、命运的土地；是树木枯荣、鸟兽迁徙、虫鱼共鸣的土地；是春种秋收、万物生长、族群繁衍的土地；是一代代优秀文化和伟大文明积淀延伸的土地。

人，生于泥土，长于泥土，最终都要与泥土为伴。所有的行走都是土地上的行走，每一个脚印都留在泥土之上。

孩子是自然之子，万物之灵，孩子的生长更离不开土地和泥土。真正的儿童是可以在地上自由打滚的孩子，真正的学校是允许儿童在地上自由打滚的地方。

儿童的生长首先需要"把手弄脏"，需要儿童在自然中、在土地上、在劳动中双手沾满泥土，去体悟在天地间生长的味道。

真正的教育需要"接地气"，需要让儿童在土地上自由地玩耍和奔跑，而不是在水泥、沥青、塑胶的路面和跑道上迷失。

人的脚、孩子的脚一旦离开了土地，就像被什么拔离了地面，也就会失去原始的力量，失去生长的力量。

我愿扎根土地和泥土做教育——扎根我们的土地，扎根中国的大地。

我愿和孩子们一起——自然地生长在我们的土地上。

天天看树

秋天，进校门路上的梧桐树经过修剪，都变成光秃秃的，煞是难看。

转眼到了春天，看着满园的花都开了，草都绿了，别的树都在冒出新芽，我就天天盯着梧桐树看，可就是看不到一片新叶。我几次追问员工老张：梧桐树怎么还不发芽？他每次都笑着说：时候未到呀……

近些天，连续几天高温，昨夜又下了一场春雨。今天早晨，我走进校园，一抬眼，就看到一排梧桐树上都有了嫩绿的新叶，仿佛就在昨天的夜里一下冒出来的。呵呵，原来真是时候未到呀！

我不禁想到这样一个故事：有一个孩子，他上学前整天在街道上玩耍打架，上学后仍然是一副好勇斗狠的性格。他曾多次激怒老师，考试时与同学交换字条被老师当场抓住……除了历史和体育成绩优秀，其他成绩非常一般，大院里的居民忍无可忍到学校列举他的一条条"罪状"。可是，多年以后，家长和老师都为这个孩子自豪——他就是俄罗斯总统普京。

再来看看爱因斯坦吧，上小学时他学习成绩很差，老师的评语是"生性孤僻、智力迟钝"，他因此还差一点退学。16岁时，他因成绩差没有被大学录取。但就是这个"差生"，却大器晚成，创立了相对论，成为了现代物理学的奠基人。

前两天，我在街上看到刚刚毕业的学生小Z，他大老远就向我问好，当时我还真不敢相信自己的眼睛：这就是那个全校闻名的调皮鬼吗？从一年级开始就十分好动，上课从来就坐不住。到了后来，还经常仗着自己个头高，有事无事地打别的同学。我几次找他谈话，他也爱理不理，家长几次被请到我的办公室里，共同商量教育方法……后来，因为他特别喜爱打篮球，学校特别允许他，只要愿意就可以到球场练习篮球，他才开始专注篮球。就是这样一个师生皆知的淘气鬼，现在已经进入一所很有名气的中学篮球队，成为篮球队主力成员，而且学习成绩跃居年级前列。

看来，人的成长远远不只是"三岁看大，七岁看老"那么简单，每个人的成长都蕴含着无限的可能性。每个儿童，无论他是聪慧的、乖巧的还是顽劣的、愚钝的，都以他自己的方式在生长着。这种生长，是一种内在的、自然的生长——表面看来，儿童只是在好奇、在幻想、在游戏、在涂鸦，在蹦蹦跳跳、哼哼唱唱，甚至在调皮捣蛋、争强打斗，实际上正处在他的一段"理性休眠期"。

一旦儿童从这段"休眠期"中醒来，就如同破茧而出的蝴蝶，"一夜长大"，带给人们无限的惊喜。

其实，教育的作用是有限的，因为孩子总要在他经历过应当经历的事情后，才能真正长大；教育的作用又是巨大的，因为无数次引导和启发积累起来，才能最终促成孩子"一夜长大""化蛹成蝶"。

时候到了，树就会发芽，何必天天看树呢！

总有一些梦想值得我们浪费时光

——在教师个人工作室挂牌仪式上的感言

近几年，我们学校出现了这样一批教师：

教语文的汪应耀老师自费在武汉琴台大剧院举办个人的独唱音乐会，因为这是他儿时的梦想，演唱会后，他又在学校自发办起了融戏曲与吟诵于一体的学生社团，让无数孩子为之向往；进校时间不长的刘历云老师，自告奋勇，在武汉音乐学院的黄钟厅，举办了像模像样的师生演唱会；做学校后勤工作的欧阳嵩老师痴迷摄影，在校园里举办了个人摄影展，因为他喜欢，所以很多孩子也成了摄影爱好者；美术老师贾阳阳一直自学油画，在个人收入并不丰裕的情况下，举办了"贾老师油画展"，让师生驻足，由此他的课堂上也多了一份油画的色彩；年轻的范宜彬、刘诗雨、李美玉三位老师，前不久在武汉音乐学院的编钟厅，举办了师生同台的春天演唱会……

记得几年前我到台湾的一所学校参访。一般的学校总要先介绍学校办学理念、学校特色、课程设计等等，而该校的校长一开口就花很长时间在介绍学校的一位老师。这位老师到学校的第一天，就在学校楼顶架起了一台天文望远镜，坚持天天观察天象。为了观测，他甚至直接在楼顶支起帐篷，观测晚了就睡在帐篷里。随后，他将观测到的照片贴满了学校的墙壁，带领学生一起观测天象，做天文方面的课题。而最有意思的是，一位同校的女老师因为他的痴心而坚定地爱上了他，从此每天观测星空的就成了两个人、三个人。

一所有文化、有品位的学校，需要有这样的一批老师，他们虽然怀里夹着的还是教案本，手里拿着的还是一支粉笔，指缝间还留着批改作业本的红墨水痕迹，但他们的眼光却透过黑板、粉笔、习题和作业本，透过校园的围墙，去仰望那浩瀚深远的星空，做着一个儿时就在做的梦。然后，他们会心甘情愿地、情不自禁地带着他的学生，带着孩子们把目光投射到更高的星空、更大的世界、更远的未来，一起幸福地做着七彩的梦。

新学年伊始，学校就倡导教师根据个人的兴趣爱好和特长，自主申报教师个人工作室，到截止之日，全校共申报了29个工作室。经过学校"学术委员会"的慎重评选，最后确认了第一批18个教师个人工作室，它们是：邓志蓉的"声入人心"合唱工作室，高坚膺的"魔音绕耳"陶笛工作室，江玲的"墨中音符"书法工作室，张涛的"小时候"全阅读工作室，李菲的"创见"校园设计师工作室，石爱萍的"神奇教室"项目化学习研究工作室，汪应耀的"汪老师"经典吟唱工作室，侯亚琪的"红领巾"少先队工作室，李升的"模样"创客工作室，纪萍的未来建构师工作室，王烨的"悦动"啦啦操工作室，向红平的"踢出个未来"足球工作室，陈英的"诗意教室"工作室，熊晓燕的"多彩世界"绘本写作工作室，陈琪珮的"舞林大会"舞蹈工作室，马金文的"魔游"数学工作室，徐晨的"飞人"篮球工作室，徐莉的"穿越学院"教师专业发展工作室。同时，还有98位一线老师成为18个工作室的团队伙伴。

18个教师工作室，集中体现了四个特点：有一个充满教育味道的专注领域，有一位胸怀梦想的首席教师，有一批共同追求的团队伙伴，有一群心生向往的孩子。兴趣、爱好、梦想是工作室的美好起点，培育、探索、创造是工作室的根本宗旨，学生全面、自主、个性发展是工作室的终极追求。

一个工作室就是学校的一个"文化符号"，一个工作室的教师就是学校的一个"文化标杆"，一批工作室就会成为学校的一道"文化风景"。

传说中有一种鸟，叫无脚鸟，它拥有一双七彩的、梦幻的翅膀，一生都在风里飞，在雨里眠，在阳光里鸣叫，一生只着陆一次，那就是它回归泥土的时候；传说中还有一种鸟，叫荆棘鸟，把自己钉在荆棘之上，一生都在用生命，用鲜血歌唱，直到灵魂升入天堂。

人，一生总要做点激动人心的事！

正是这样一些人和事，让湖北省武昌实验小学这所百年老校不断焕发青春活力；正是这些梦想和追寻，让"大气优雅，探索超越"这八个字的"实验精神"落地生根，熠熠生辉。

总有一种力量，让我们泪流满面，总有一些事值得我们浪费时光，总有一道梦想的光芒让我们心怀景仰。

我祝愿18个工作室扎根中国大地，深入我们校园的泥土，在我们的土地上扎根、发芽、生长；我相信在不久的将来，18个工作室定会长成18棵教育的大树，簇拥在百年校园，枝繁叶茂，花团锦簇；我更相信，更多的梦想正在赶往春天的路上……

"过滤的世界"与"真实的世界"

听朋友谈起一部电影：

母亲通过科技将一个检测器植入孩子的大脑，这个检测器有一个特殊功能，就是当孩子视线中出现恐怖血腥画面时，自动将画面生成马赛克，并屏蔽所有声音。随着年龄的增长，孩子开始好奇同学们所说的恐怖画面是什么样子，鲜血是什么颜色。于是，她在家中用画笔画出流血的样子，看到的依旧是马赛克；用铅笔划伤自己的手指，却还是什么都看不到。万分崩溃的孩子开始疯狂地划伤自己，想看到流血的样子。无奈之下，母亲只好关掉了检测器。恢复正常的孩子第一次看到邻居家的大狼狗，十分害怕；第一次看到同学打架流血，十分震惊……

这虽然是部科幻电影，其表达方式也有些极端，但其映射的教育意义却让人深思。

有些教育工作者和家长也希望尽可能给孩子创设一个"过滤的世

界"，把一些丑恶、危险的东西刻意屏蔽掉，不让孩子眼观手及。但这样的"过滤"会带来什么负面效应？孩子将来进入"真实的世界"会不会无所适从或者强烈反弹？这样的"过滤"又能够做多久？

有的学校为了孩子的"绝对安全"，把学校的柱子都做成圆柱或进行软包，把有棱角的地方尽可能磨圆，把可能导致学生摔倒的体育器械一拔了之……从安全的角度来说，学校绝对是负责任，是好心，但这样的好心是不是好事呢？在学校管理中，把学生的安全放在第一位是必要的，排除安全隐患也是必要的，但对"安全"二字不能曲解。为了绝对的安全，要把学校做成一个"温室"和"真空"吗？要让校园世界成为一个与社会脱节的"真空世界""过滤世界"吗？孩子在学校看不到棱角，出了校门难道也遇不到墙角吗？

有些教育工作者和家长在让孩子阅读的时候，也设法"过滤"和"屏蔽"一些东西，推荐孩子多读"有用之书""高雅之书""经典之作"，而屏蔽掉"无用之书""闲杂之书""不健康之书"。阅读需要推荐和引导，但有意引导不等于刻意屏蔽。刻意屏蔽有可能会给孩子制造一种神秘感，引起更强烈的好奇。因此，正确的做法是保持孩子兴趣阅读、自然阅读的同时，适当进行推荐阅读和引导阅读。

不少教育工作者和家长面对无所不在的网络，显得特别焦虑，生怕学生用手机上网，接触到不良信息和不良网站，生怕学生使用手机迷上游戏；在进行网络教学的时候，有些家长恨不得寸步不离左右，担心孩子一旦离开自己的视线就会误入歧途。其实，网络世界本来就是一个开放并不断开放的世界，就像我们打开窗户，有清新空气进来，肯定也有蚊子苍蝇进来，难道我们要像为窗户装上纱窗一样，给网络装上纱窗吗？就算装上了"纱窗"，就能彻底挡住成人想挡住的东西吗？

古代哲人告诉我们：过犹不及，物极必反！任何事都要自然、适度，"过度的安全"，是对孩子成长本能和成长权利的剥夺；"刻意的过滤"，是一种教育的"掩耳盗铃""鸵鸟策略"；而让孩子在一个"过滤的世界"里成长，则会让孩子在"真实的世界"里迷失。

真实世界的主流是真善美，是正能量，但不排除假恶丑的存在。教育就是让学生不断体验真善美的美好，认清假丑恶的丑陋，从而引人向真，引人向善，引人向美，引人向上。

是给孩子一个"过滤的世界""屏蔽的世界"，还是给孩子一个"真实的世界""完整的世界"？答案不言而喻！

母爱就是最好的教育

一位低年级学生的妈妈给我讲了这样一件事。

她非常关注孩子的家庭教育，买了不少关于家庭教育的书籍，也听了很多关于家庭教育的讲座，每当孩子做了错事或者情绪不稳定的时候，她都会根据书中或专家的办法，精心地设计教育场景，很巧妙地让孩子置身教育场景之中，让孩子在她精心设计的教育场景中去体验和感悟，认识到自己的错误与不足。但让她迷惑不解的是，孩子不断地犯错或情绪不稳定，而且每次犯错都可能不一样，让她应接不暇，觉得脑子都不够用了。

听了学生妈妈的讲述，我当即就跟她探讨起来：孩子可不可以犯错？对孩子所犯的小错误、小缺点有没有必要那么在意？有没有必要每次都精心设计教育场景？有没有必要费尽心机去"对付"孩子？其实，孩子本来就是成长中的人，孩子在不断犯错纠错中成长是再正常不过的事情，没有必要大惊小怪，没有必要煞有介事，更没有必要挖空心思来刻意创设情境，直接而肯定地告诉孩子这是对的、那是错的就是正常而且正确的家庭教育。

我不禁联想到一些校外机构宣扬的一个概念：现在的年轻父母都不会教育孩子，要先对父母进行家庭教育方法和技巧的培训，让年轻的父母经过培训后"持证上岗"，就像开车必须先拿驾照。我一直认为这只是某些培训机构的营销手段，教育自己的孩子还需要"持证上岗"吗？教育孩子需要那么多高明的方法和技巧吗？我想说，发自内心的、原始的、质朴的父母之爱就是最好的教育，这种原始的、质朴的父母之爱胜过一切花哨的技巧。

有一所县一中，在高考之前邀请一位很有成就的校友回校，给学弟学妹做励志报告。这位校友满怀深情地讲道：他读高中的时候，家里很贫穷，甚至不能在学校食堂购买饭菜，大多时候是在学校食堂买米饭就着从家里带来的酱菜吃。每个星期天，他都会从家里拎着几瓶酱菜来上学。然而，就是这酱菜，母亲每次都是精心地调色调味，做得色香味俱全。母亲的酱菜陪伴他整个高中时代，让他在贫困中感受到浓浓的母爱，感受到一种乐观向上的生活态度，让他慢慢体会到物质可以贫困，但精神可以丰富，可以多一点色彩和味道。而更让他难忘的是，曾经有一度他与社会上的小青年玩到一起，险些滑入深渊。他的父亲在一个星期天的下午，与他面对面坐下，用复杂的眼神盯着他看了好半天，什么都没有说，起身的时候，猛地给了他一巴掌……这位校友动情地说："时至今日，我还留恋母亲的酱菜，也感谢父亲的巴掌，是母亲的酱菜让我对生活充满了希望，而父亲的巴掌对我犹如当头棒喝，让我猛然惊醒。"

我的母亲是一位大字不识几个的农村妇女，她虽然不会教我什么知识，更谈不上辅导我学习，但她从小就不断叮嘱我要好好做人，"不欺人"这三个字是她经常挂在嘴边的话。我后来逐渐懂得了母亲虽大字不识，却教给了我做人的淳朴哲理。"不欺人"，就是不欺负人，不欺骗人，不自欺欺人。这三个字至今仍是我做人做事的基本准则。

当我讲完县一中校友"母亲的酱菜和父亲的巴掌"，我的母亲给我"不欺人"的教育，这位学生妈妈陷入了沉思之中，我也一样陷入了沉思。人们都说"推动世界的手就是推动摇篮的手"，一位母亲摇摇篮时，心中充满的是浓浓的、原始的母爱，凭的是天性和母性。用摇摇篮的情感去教育自己的孩子，已经足够。

最后，我很真诚地送给了这位学生妈妈一句话：你真实而从容的样子，就是对孩子最好的教育。

如果让我设计一所小学

　　前不久，参加了一次关于学校建设设计的讨论会。

　　在讨论中，我谈到一个可能大家都注意到了的现象：新建的中小学基本上都长成一个模样，只是楼体外面穿的"衣服"颜色不一样。

　　为什么中小学的建筑基本"长得一个样"？因为设计师大多是站在建筑角度来设计学校，没有站到教育高度来设计学校，导致学校建设的功能多半只是满足"教学"，无论是教室、功能室、办公室还是其他配套设施，基本上只是为了"教学"，而不是为了学生的学校生活和教育生活。甚至学校的运动场，也基本上只是体育教学所用，因为下课10分钟，楼上教室的学生根本无法下到运动场活动。

　　这些长得基本一个样的学校有四个典型不足：教育性不足，大多只考虑"教学之用"，不能很好促进学生的德智体美劳全面发展；人性化不足，单调而冰冷，不温馨，不温暖；文化味不足，尤其是缺少"中国味道"，更缺少"中国故事"；活动性不足，基本没有给孩子们设计可以随时随地、自由自在活动的空间。

如果让我来设计一所小学，它一定是一所与现在的学校"长得不一样"的学校，它应该是一个"中国的儿童的白天的家"。

首先，它应该是"中国的"。当下新建的一些中小学，中国意蕴和中国元素是不够的。我设计的这所学校，它要扎根中国大地，做中国的教育。它可以是钢筋混凝土建筑，但在建筑内外应该有大量的中国元素，外观是中国形象，让人一看就知道这是一所中国大地上的中国学校。

其次，它应该是"儿童的"。在学校的外形和色彩上，它应该是活泼灵动的，是充满童趣的，是童味十足的；在学校的功能和效用上，它应该尽可能为儿童着想，尽可能打开教室，打开廊道，打开活动场所。也就是说，小学的设计应该与中学有本质区别，与大学更不一样。

还有，它应该是"白天的家"。学校是什么？学校应该是儿童寻找同伴的地方，是儿童"白天的家"。这个家应该是安全的，大门最好不要正对着马路，学校有多个疏散出口，过道尽可能宽敞；这个家应该是通透的，楼上楼下通畅自如，室内室外通风采光良好；这个家应该是温馨的，设计中关注到防风防雨、保暖降温、洗手如厕方便；这个家更应该是"好玩"的，它是一个"学习生活社群"，让不同年段的孩子走到一起，大孩子带着小孩子，小孩子去找大孩子，孩子们就像在村子里、在社区里、在公园里那样自然地聚集在一起，在游戏中交往，在交往中学习，在学习中生长。

我相信，未来一定会有很多这样"中国的儿童的白天的家"。

摇桂花

听朋友讲起一个教育故事。

小学有一篇课文《桂花雨》，文中有一段关于"摇桂花"的精彩描述："摇啊摇，桂花纷纷落下来，人们满头满身都是桂花。我喊着：啊！真像下雨，好香的雨呀！"一个小同学上完这篇课文后，对文中描写的"桂花雨"很是着迷，既好奇又向往。

时值金秋，校园里丹桂绽放，冷香四溢，引得师生在桂花树下驻足凝神，猛吸几口花香而心旷神怡。一个清晨，这个小同学被心中的好奇和向往所驱使，悄悄来到校园一角的桂花树下，情不自禁地摇起了桂花树，下起了一场"桂花雨"。谁料，他还未从"桂花雨"的沉醉中醒过神来，就被早晨值日的学生发现了，满地的"桂花雨"证据确凿，无须辩解，他就被"请"进了学校的政教处。

在学校政教处，他受到了不爱护公物的批评教育，进行了貌似深刻的个人反思，似懂非懂地写下了检讨书……讲到这里，朋友十分惋惜地发出一声叹息："这样的传统教育，可能就把一颗宝贵的好奇心泯灭了，把一颗爱美的种子埋葬了，把一颗美好的童心伤害了。"

这时，我不禁想起了另一个故事：在英国的亚皮丹博物馆里，有两幅藏画，其中一幅是人体骨骼图，另一幅是人体血液循环图。说起这两幅图，还有一段动人的经历。原来，这两幅图是当年一个叫麦克劳德的小学生画的。麦克劳德从小充满好奇心，凡事总是喜欢寻根问底，不找到答案不罢休。有一天，他突发奇想，想看看狗的内脏到底是什么样子，于是便和几个小伙伴偷偷套住一只狗，将其宰杀后对内脏仔细观察。没想到，这只狗不是一般人的狗，而是校长的爱犬。

校长得知后十分恼火，感到如果不加惩罚以后不知会做出什么出格的事情。但是，到底该如何处罚呢？经过反复琢磨，校长采取了一个十分巧妙的方法：罚麦克劳德画出一幅人体骨骼图和一幅人体血液循环图。麦克劳德知道自己闯了祸，应该接受处罚呢？并决心改正错误。于是，他认认真真地查阅大量资料，仔仔细细地画好两幅图。校长和老师们看后很满意，认为图画得好，对错误的认识态度很诚恳，杀狗之事就这样了结了。这样的处罚方法，既让麦克劳德认识了错误，又保护了他的好奇心，还给他一次学习生理知识的契机。后来，麦克劳德成了一位著名的解剖学家，与医学家班廷一起，研究发现了糖尿病胰岛素治疗方法，两人于1923年荣获诺贝尔奖。

试想：如果当初这位校长对麦克劳德进行一番严厉训斥教育，通知家长让他赔狗，那就可能把麦克劳德闪光的好奇心和探求欲砍伐殆尽。正是因为他遇到了一位高明的校长，正是这个饱含理解、宽容和善待胸怀的"惩罚"，使小麦克劳德爱上了生物学，最终走上了诺贝尔奖的领奖台。

那么，对"摇桂花"的孩子有没有更高明的惩处办法呢？譬如让他把摇桂花前后的心理活动和过程写成一篇美文，与课文中的作者去比一比；譬如让他把摇落的桂花收集起来，想办法做成一件艺术品；譬如让他去查找资料，写一篇本地区秋季开花植物的科研小论文、小科研报告……其实，这样更高明的惩处办法还有很多很多。

都说教育是一门艺术，而教育中的惩处和惩罚更是一门艺术。儿童是在犯错纠错中不断成长的人，儿童犯错纠错、知错改错是必经的过程，作为教育工作者在施行教育惩处或惩罚时，一定要多一分理解，多一分宽容，多一分善意，多一分保护，多一分激励……

相信种子，相信岁月！静待生长，静待花期！

一个月饼的故事

有一天中午，我正在洗手间洗手。突然，传来一阵猛烈的推门声和什么东西砸在门上的声音。

我连忙循声找去，原来是两个小男生在洗手间里追逐打闹，在用沙子"打仗"。我再仔细一看，居然又是小W同学。小W同学几次因为在学校捣蛋，被我"请"到办公室，每次都表示要"痛改前非"，今天又被我"逮个正着"。我一时有些恼怒：学校再三强调不能向同学扔沙子，既不卫生又不安全，你们怎么就是不听？

我让两个小鬼到我的办公室，待另一个男生坐定后，我把小W拉到一边，详细地询问他的家庭情况：小W现在由爷爷奶奶抚养，爸爸会偶尔匆匆忙忙送点抚养费过来，很少与他交流。"那你妈妈呢？"我急着追问了一句。"我从来就没有看见我妈妈。"小W低下了头，眼圈一下子红了。

我的心里顿时涌起一阵酸楚，可能我们都错怪了这个孩子，原来这个孩子更需要我们给予他所缺的温暖和关爱，每个"皮孩子"背后都可能有一段不可言说的辛酸。

我的态度一下子缓和了，问他们该怎么办。两个小鬼异口同声地说："我们去把洗手间扫干净。"过了一会儿，我来到洗手间，看到他们把地已经打扫得干干净净。我拍了拍他们的脑袋，叮嘱他们下次要注意，就让他们回到教室。

回到办公室，我心里久久不能平静，这件事我教育得对吗？教育到位了吗？猛然间，我想起了陶行知先生的"四颗糖"。

陶行知先生做校长时，一天，在校园里看到一名男生正想用土块砸另一名同学，陶行知及时制止同时让这个学生去自己的办公室。在详细了解情况后，他回到办公室，那名男生正在等他。他什么话也没说便从口袋里掏出一颗糖递给男生："这是奖励你的，因为你很准时，比我先到了。"接着又掏出第二颗糖："这也是奖励你的，我不让你打人，你立即就住手了。"男生将信将疑地接过糖。陶行知又掏出第三颗糖："我了解到你要打同学是因为他欺负女生，说明你有正义感，我要奖励你。"这时，男生已泣不成声："校长，我错了，不管怎么说我不该去打人。"陶行知又掏出第四颗糖："你已经认识了错误，相信你今后不会再犯错，我的糖奖完了，我们的谈话结束了……"

想到这里，我灵机一动，从抽屉里拿出两个小月饼，三步并作两步跑到两个男生的班级，开了一个简短的班会。在班会上，我对全班同学说："人都会犯错，犯错并不可怕，怕的是犯了错还认识不到，认识到了不改正。这两名同学把沙子弄到洗手间里，主动去把洗手间打扫干净，我相信他们一定认识到了错误并立即进行了改正。校长因为他们的知错就改、知错能改，给他们每人奖励一个小月饼。这月饼并不是我买来的，是我们家里手工做的，是校长的一份小心意，也是校长对这两个同学的一份信任……"

我话音未落，同学们马上响起热烈的掌声。掌声中，两个孩子的头低下去又昂了起来，我分明看见他们的脸上、眼神中透露出孩子本应有的亮光。顿时，一种特有的教育幸福像子弹一样击中我的胸膛。

也许，温馨比批评更具激励；也许，微笑比严厉更有力量。

我不期望一个小月饼能在短时间产生奇迹，但我坚信：只要教育工作者保持心底的善良，保持对孩子的宽容，采取适当的批评和激励，总有一天奇迹会出现。

特别的红包

　　新学期的开学典礼上，全校每个孩子都在开学的乐曲声中，从老师手上郑重地接过一个红包。

　　这个红包里包着的东西寻常而又特别，每个红包里面装着的是六颗凤仙花的种子。"六"是我们民族传统中的吉祥数字，寓意着"六六大顺""风调雨顺"。

　　孩子们把凤仙花的种子领回家去，需要自己亲手播种栽培，在持续一年的时间内浇水、施肥、打理、观察，并收获最终的成果。

　　这个过程是一次完整的项目学习，其中包含有科学、语文、数学、艺术、劳动等学科知识的学习，学习方式的体验，学科之间的融合与迁移。

　　这个过程更是一次综合育人的活动，学生在这个过程中会经历栽种阶段的展示、观察日记的展示、劳动成果的展示，它是一个完整学习的过程、德育实践的过程和劳动教育的过程。

这个过程中有劳作、有观察、有记录、有阅读，有各种知识的自主探求，有对自然美的欣赏，更有细致、认真、耐心、坚持等品质的养成。

孩子们播下的是凤仙花的种子，同时也会播下爱大自然、爱劳动、爱科学、爱艺术、爱探求的种子，还会播下认真、坚持等美好品质的种子。

相信这个春天的"种子红包"，一定会在秋天结出做人、做事、做学问的果实。

"性善" 还是 "性恶"

　　《三字经》开篇即云："人之初，性本善。性相近，习相远。"很多人都认为这是孔子的观点，孔子也确实说过"性相近也，习相远也"，不过，孔子并未对人性善恶作出定论。

　　首倡"性本善"的是孟子，孟子把人的"性本善"概括为四个方面，即"恻隐之心""羞恶之心""辞让之心"和"是非之心"，这四种"善之心"分别对应着儒家倡导的"仁、义、礼、智"四种德性。孟子将其称为"四端"，意指人与生俱来的、根植于内心的四种善。

　　孟子的"性善论"带有明显的导向性，鼓励引导人们保持和追求人性中的善，但同时并未完全否认人性中存在着消极因素。他甚至认为，恻隐、羞恶、辞让、是非等心理是人类所特有的，而对饮食声色的追逐，是所有动物的共性，因而可以将它们排除在"人性"之外。

　　而比孟子晚生六十年的荀子，却提出了"性本恶"的观点。在他的

《性恶篇》一文中提出："人性本恶，其善者伪也。"这里的"伪"，不是"虚伪"而是"人为"的意思，即指后天学习。在他看来：人的天性中带有好利的倾向，若不加以约束，必然发展到巧取豪夺；人生来便有嫉妒、憎恶之心，任由发展，便会导致相互残害；人本来是好声色的，如不加制约，便不免胡作非为。

荀子的"性恶"论揭示了人性的另一面，他认为，如果一味顺从人的欲望，放纵人的本性，就一定会产生无序争夺，导致乱伦悖理，使整个社会秩序崩溃。对个人而言，人要摆脱与生俱来的恶本性，就要努力学习，改变自己；对社会而言，要强调完善礼仪法度，以不断规范人的行为，维护社会秩序稳定。

其实，"性善"与"性恶"并非完全对立的人性两面，我们所要做的就是抑恶扬善。一方面，要引导激励人们追求人性中的善，让人性中真善美的种子不断生长，并通过终身学习提升道德修为；一方面，要不断完善法规制度，把人性中的恶"关进笼子"。

我们的教育需要有三个意义和使命：一是让人成为"人"；二是让人成为党和国家需要的人；三是让人成为未来有品质生活的人。教育就是让一个自然人不断成长为一个真正的"人"的过程，这也是一个扬善抑恶的过程。

那么，如何具体达成以上三重目标，就要关注"人的三性"，即天性、个性和社会性。教育要理性地处理好"三性"的关系，做到"顺应天性，尊重个性，发展社会性"，让"天性"中的"善"得以弘扬，让"个性"中的"真"得以保护，让"社会性"中的"美"得以培育。从而，通过教育培养向真、向善、向美、向上的人！

《家庭教育促进法》引发的思考

目前，家长们越来越重视孩子的家庭教育，但家庭教育的责任和边界
到底在哪里？如何履行好家庭教育的责任？如何真正达到家庭教育的理想
效果？这些成为家庭教育绕不过去的话题。

刚刚颁布的《家庭教育促进法》对"家庭教育"有明确的界定，即：
"父母或者其他监护人为促进未成年人全面健康成长，对其实施的道德品
质、身体素质、生活技能、文化修养、行为习惯等方面的培育、引导和影
响。"由此，我想追问三个问题：

第一，家庭教育该由谁担负主要责任？

"养不教，父之过；教不严，师之惰"，中华民族自古至今都注重家
教，"家庭是第一个课堂，家长是第一位老师"，如果生而不养、养而不
教则是父母的最大失职。

父母和他们所创造的家庭环境对孩子终身的幸福、前途和成就至关重

第五章　迷恋土地

要。研究表明："父母做什么比父母是谁更为重要。""父母和孩子一起阅读、做家务、唱歌画画、玩数字游戏、参观图书馆和博物馆、经常邀请朋友孩子来家里玩耍等等，孩子在智商和情商上得分更高。"

第二，家庭教育主要做什么？

每个父母都希望自己的孩子未来成人成才，但在家庭教育中父母到底该做什么呢？最近，一份关于"全国义务教育阶段学生家长双减政策态度"的调查报告显示，73%的受访家长表示焦虑来自自己的能力很难管理和辅导孩子学习。现实中的状况就是人们常说的："不做作业母慈子孝，一做作业鸡飞狗跳。"

可见，家庭教育的一大误区就是很多家长越界地承担了学校的教学任务，而忽略了家庭应该承担的本位教育内容。那么，父母在家庭教育中主要应该做些什么呢？我认为主要有四个方面：一是培育、引导和影响孩子的道德品质、身体素质、生活技能、文化修养、行为习惯，形成良好的家教、家风；二是为孩子营造和睦、亲近、宽松的家庭环境；三是合理安排孩子的家庭学习、休息、娱乐和运动的时间；四是避免加重孩子学习和心理负担，预防其沉迷电子屏幕和网络。

第三，家庭教育可以怎样做？

一项权威研究表明：父母的温暖、坚定、言行一致和底线教育对孩子发展至关重要。父母的正向期待和鼓励，可以很大程度提升孩子的学业成绩；父母对学校和学习满怀兴趣，可以激发孩子的学习兴趣；和谐的亲子关系可以涵养孩子良好的性情等等。

在《家庭教育促进法》中，列举出的家庭教育常用的一些正确方式方法，像"父母共同参与、言传身教、寓教于生活、尊重孩子差异、平等交流、严慈相济、亲子共成长"等等，都是在教育科学研究中得到证实的一些好方法，可供家长们在日常家庭教育中随时使用。

不过，最为重要的一点是父母对孩子的榜样示范作用。"教，上所施下所效也；育，养子使作善也。"父母是孩子成长中最喜欢模仿的第一人，孩子就是父母的一面镜子。习近平总书记明确提出："广大家庭都要重言传、重身教，教知识、育品德，身体力行、耳濡目染，帮助孩子扣好人生的第一粒扣子，迈好人生的第一个台阶。"

我想：随着《家庭教育促进法》的出台，家庭教育迎来"依法育儿"的时代，人们一定会不断追问家庭教育该由谁做、该做些什么、该如何做等核心问题，"生而不养，养而不教，教而不当"将一去不复返。

温和的还是严厉的

一项面向18—35周岁青年的调查显示，高达90%以上的受访青年曾经受过父母的"打击式教育"。打击式家教，即父母总是以一种求全责备的"挑剔"眼光来对待孩子，即便是孩子考试得了98分，家长也要拿隔壁孩子的100分作比较，埋怨孩子"还不理想""还有差距"。

在现实生活中，我们经常看到这样的情形——当孩子成绩不太理想，父母会问："为什么别人能学好，你却学不好呢？"当孩子遇到难题不会做，父母会问："为什么别人会做，你不会做呢？"有些家长似乎有一种"别人行，你为什么不行""别人行，你也应该行"的惯性思维。其实，"别人行，你为什么不行"是对孩子无形的伤害，这种"别人家的孩子"教育，就是一种隐形的"打击式教育"。殊不知，正确的理念和常识是"别人这个行，我那个行"。

有一位心理学家做过这样的实验：两组孩子到一间房中玩玩具，规则只有一个——机器人玩具不能碰。一组孩子安排的是和气的老师，老师温和地讲出规则，还编了一个理由——"机器人玩具可能漏电"；另一组孩子安排的是严厉的老师，老师恶狠狠地用威胁的口吻说出同样的规则，并着重强调——"碰了机器人玩具要受到严厉惩罚"。实验表明，老师的两种态度在孩子不犯规上的效果是差不多的，两组孩子中绝大多数都能守规矩，只有个别淘气的孩子去碰那个"违规品"机器人。

虽然即时的教育效果差别不大，但长远的差别却是非常明显的：六周之后，这两组参加实验的孩子重新被邀请到这个房间，房间布置的场景与原来没有区别，但这一次两位老师不再提示规则。"和气组"的孩子玩各种玩具都比较正常，"违规"玩机器人的孩子比第一次略多；"严厉组"的孩子却好像忘记了一切，几乎所有的孩子都扑向了那个机器人……由此可见，没有必要、没有理由的严厉教育，基本上没有什么教育成效，甚至是一种"反教育"。

很多人都知道这样一则寓言：北风和南风比试，看谁能把行人身上的大衣脱掉。北风首先施展威力，使劲地吹，行人为了抵御北风，把大衣裹得紧紧的；南风则徐徐吹拂，暖暖的南风让人感到越来越暖和，不由自主地脱掉了大衣。这则寓言也昭示了一个教育道理：父母、老师亲切的言语、和蔼的态度、温和的方法比声色俱厉的教育更有作用。

温和还是严厉？答案是不言而喻的！

"好眼睛" 从哪里来

2021年12月，中国儿童中心与社会科学文献出版社共同发布了《儿童蓝皮书：中国儿童发展报告（2021）》。蓝皮书显示：从1985年起，中国中小学生视力不良率持续上升，到2019年中小学生视力不良率已达67.9%，而高中生的视力不良率已超过85%。

儿童青少年视力问题已成为我国面临的重要教育问题和社会问题，引起党和国家的高度重视，习近平总书记就儿童青少年视力健康问题连续作出重要指示，要求"全社会都要行动起来，共同呵护好孩子的眼睛，让他们拥有一个光明的未来"。

2018年8月，国家出台《综合防控儿童青少年近视实施方案》，提出到2023年，力争实现全国儿童青少年近视率在2018年基础上每年降低0.5个百分点以上，近视高发省份每年降低1个百分点以上。到2030年，6岁儿童近视率控制在3%左右，小学生近视率下降到38%以下，初中生近视率下降到60%以下，高中生近视率下降到70%以下。

多方研究表明，儿童青少年的近视大多是由于过多的读写引起的后天获得性近视，或者说儿童青少年的近视大多是长时间、近距离、过度疲劳用眼造成的。如何有效防治近视，保护学生视力，让具体的措施落地呢？

我校近年来坚持实施预防近视"十个一"工程，努力形成预防近视工作的闭环：一是每间教室照明条件达到国家新定标准；二是每个学生养成良好书写习惯（做好"三个一"：眼睛离桌面一尺，胸口离桌沿一拳，手指离笔尖一寸）；三是每节课坚决做到"零拖堂"（每个班级设一名"下课提醒员"，按时下课，让学生眼睛得到休息调整）；四是每个星期四为"黑板日"（当天不得使用电子屏幕，平时每节课电子屏幕使用时间不超过30%）；五是每天控制作业总量（每个班级设"作业量提醒员"，控制作业总量，尽可能在课后服务时间内完成作业，"不带作业本回家"）；六是每天落实"阳光一小时"体育运动；七是每天做好两次眼保健操；八是每周把预防近视工作纳入班级考核评价；九是每个班级张贴视力自测表和五米贴，每班设"视保员"负责学生自我管理；十是为每个学生建立视力档案。

"共同呵护好孩子的眼睛，让他们拥有一个光明的未来。"社会、家庭、学校方方有责，责无旁贷！

从小故事到新课标

第一个故事：分锅炒栗子

一次，辽圣宗巡视天下，发现一个叫萧朴的臣子特别善于治理。在他的领地内，百姓安居乐业，个个笑逐颜开，于是辽圣宗就问其故。

萧朴谦恭地说：臣下哪里有什么经验，不过是在炒毛栗子。刚开始时，栗子放在一个锅里炒，但却发现了一个问题——小的熟了，大的还生着；大的熟了，小的却又糊了。后来臣下就把大的和小的分开炒，都能炒得一样香甜可口。臣下办任何事情，都像炒栗子一般，分清层次，注意火候。除此之外，臣下别无他能了。

辽圣宗听了哈哈大笑说：你这哪里是在炒栗子，分明是在教寡人治国之道啊！

"分锅炒栗子"分明也在教我们教育之道——没有差异就没有真正的教育，不关注差异就没有真实的教育。因此，在新课标中，特别强调"面向全体学生，因材施教"，在具体的教学中做到"差异化教学""分类分层"。

第二个故事：如何让人厌恶棒球

《盗梦工厂》一书中有这样的描述：想让一个人不喜欢棒球，其实方法很简单——先教棒球史，从阿布纳·道布尔迪发明棒球、棒球的影响和帝国主义讲起，然后考试。再讲黑人联盟和早期的巡回球队，要求学生记忆关于每个球员的数据和赛绩，然后考试。按这两次考试成绩排名，让成绩好的学生记忆更多关于棒球和棒球球员的统计数据……这么操作完之后，学生基本上一听"棒球"就会厌恶。

听上去似乎有点搞笑，但在某种程度上，我们都在做这种事。不少在国际奥林匹克竞赛中获奖的学生进入大学，得数学奖的坚决不读数学系，得物理奖的坚决不再学物理，因为之前天天刷题让他不再热爱这个学科。

其实，千百次的记忆不如一次刻骨铭心的体验。因此，在新课标中，要求加强课程与生产劳动、社会实践的结合，知行合一，学思结合，倡导"做中学""用中学""创中学"。

第三个故事：自主阅读得来的诺贝尔奖

莫言小时候特别爱读书，把村里的书全读完了，就借邻村人的书来读。人家实在不愿意出借的一些稀缺书，他就以出劳动力的方式换来阅读。后来他到烟台当兵，又把烟台图书馆的书全读完了。再后来到保定，他当上了图书馆管理员，又把图书馆里的3000多册书读完了。就是因为这种发自内心的自我学习，成就了一个诺贝尔文学奖。

看来，一切学习归根结底是自我的学习。因此，在新课标中，强调乐学善学，保持好奇心和求知欲，引导学生明确目标，自主规划，提高自主探究学习能力。

境界

　　看到华人武术名家李小龙的一句话：多数人学武，是追求形式的准确与完整；而成熟的功夫，是用最少的动作和能量，实现最大的结果。越接近功夫的真谛，冗余的表达就越少。这不由得让我们想到那些深不可测的"扫地僧"，他们手中无剑，心中有剑，拈花微笑，飞叶成器，无招胜有招，这大概就是李小龙所说的武学境界。

　　简单纯粹是一种境界。

　　我想起李连杰曾说的一句话：人的强大有两种——一种是用武功把别人打倒，一种是强大到别人都不敢来打你。其实，前一种强大只是外在的争强好胜，后一种强大才是让人折服的真功夫。记得曾国藩有一个不变的战术，那就是"结硬寨，打呆仗"，拼的就是实力和真功夫。

　　内功深厚是一种境界。

　　我又想起电影《一代宗师》中有一句经典台词：练武之人有三种不同

的境界——见自己，见天地，见众生。为一己之私，为外在虚荣而练武，是最低境界；眼中有天地万物，心胸开阔，名利置之度外，是较高境界；生命至上，心怀众生，侠肝义胆，义薄云天，那才是真正的武学境界。练武先练德，武德为上，武功为下。

心怀仁爱是一种境界。

联想我们的教育，好老师应该有李小龙所说的简单纯粹，有李连杰所说的扎实真功，有《一代宗师》里所说的众生情怀。简而言之，一个好老师应该有这样的境界——纯粹、渊博、仁爱。

把脚踩在泥土上

　　看到一则新闻：某地举行一次玉米田间学术交流研讨活动，因天雨地滑，主办方出于安全考虑，在玉米地里铺上了"地毯"。有人质疑：农业专家的脚难道不要沾地吗？

　　由此，我想到教育。我一直认为：我们的教育需要泥土，我们的孩子生长需要泥土，我们教育人要把脚踩在泥土上。

　　儿童教育需要泥土。我一直主张要在校园留一块泥土，留一片沙地，让孩子生长在我们的土地上，在泥土上尽情嬉戏、奔跑、打滚。孩子在泥土上嬉戏、奔跑与在塑胶上是完全不一样的，儿童的双脚踩在泥土之上是真正的"接地气"，是真正的"天地人合一"。我认为：真正的儿童是在泥土上自由打滚的孩子，真正的幼儿园和小学是能够让孩子在泥土上打滚的学校。

　　学校管理需要泥土。最好的学校管理是走进教室，走进课堂，走到师生中间，是在教室里、课堂上与师生共同呼吸、一起成长。我跟很多教育管理同伴说过：当你听一百节课，听一千节课，你就知道学校的问题出在哪里，你也就知道该怎么做。因此，学校管理者尤其是年轻管理干部，要牢牢地把脚踩在泥土上，走进教室，走近师生，走到庄稼地里——因为，答案永远在现场，永远在田间地头。

教育研究需要泥土。一些教育研究与教育实践脱节，从理论到想象，缺乏实证研究，剥离地面悬在半空，是无源之水、纸上谈兵。有些研究成果不能用于教育实践，只能束之高阁。这些书斋研究少了泥土味和烟火气，失去了本应该有的生命力。因此，教育研究需要走进教育的田间地头，进行贴近泥土的田野研究，需要走进真实的校园，融入校园生活，把理论与实践融为一体，"把论文写在祖国大地上"，这样的教育研究才有生命力、信服力和教育张力。

"脚下沾有多少泥土，心中就沉淀多少真情。"

我们需要把脚踩在泥土上！

第六章

教有所思

Chapter 6

　　教育困境的根本原因还是学习观、质量观和人才观的问题。
什么是真正的学习？什么是真正的质量？什么是真正的人才？值
得我们不断思考再思考。

教有所思（1）

★ 当我们说知识的时候，有时候说的其实是"常识"，比如一年有四季；有时候说的其实是"知道"，比如鸦片战争是哪一年爆发；有时候说的其实是"见识"，比如是什么原因导致股市动荡。

一个人如果仅仅知道很多事实而不知如何处理，只是徒添谈资，而没有多少实际价值——知识有时不是真正的力量！

★ 1921年，爱因斯坦在获得诺贝尔奖后，有记者问他，声音的速度是多少？爱因斯坦说，我不回答你这个问题，因为你在任何物理书中都可查到答案。

教育的价值真的不在于记住多少事实，而是培养思考能力，有独立思考才会有创造。

★ 教育有两种典型的思路：一是看学生"缺什么"，另一种是看学生"有什么"。

看学生"缺什么"的思维方式，是按照一定的标准，看学生对照标准缺什么就补什么；看学生"有什么"的思维方式，是先看学生有什么发展潜质，教师所做的就是帮忙挖掘。

真正的教育是立足于"学生有什么"基础上的。

★ 能够在变化中抓住机遇的最主要条件不是知识本身，而是对未知永远的好奇心。

最糟糕的教育就是"记住这个公式"。

好奇心比知识本身重要百倍！

★ 我们的教育一直面临着两个难题：一个是中小学生学业负担始终较重；一个是"钱学森之问"——"为什么我们的学校培养不出杰出人才？"

这两个教育难题相互交织，则形成了较为诡异的"学业负担越重，教育质量越低"的教育困境。

造成这一教育困境的根本原因还是学习观、质量观和人才观的问题。什么是真正的学习？什么是真正的质量？什么是真正的人才？值得我们不断思考再思考。

教有所思（2）

★ 其实创新有三个方向可走：一是向前走，做前所未有的事，创造前所未有的东西；二是原地走，用新的方式方法去改良司空见惯的事物；三是往回走，把丢掉的好东西捡回来，回到原点，也是一种创新。

★ 学校特色创建有四种路径：一是"人无我有"，独特即成特色；二是"人有我精"，做到极致即成特色；三是"人有我久"，坚持即成特色；四是"人有我无"，反其道而行之也可成特色。尤其是第四种"人有我无"，譬如说现在中小学生普遍家庭作业量较大，如果少布置或适当不布置作业，也是一种特色。

★ 做好一件事有两个方面缺一不可：一是"想得美"，二是"做得好"。光"想得美"，不落地，则是空想、幻想，光"做得好"，不想明白，则可能南辕北辙。就如人们常说的"抬头看路，低头拉车"。

★ 老师一提问，学生马上举手回应的是哪些学生？往往是学优生。

当下的课堂很多时候是老师与优等生的双人华尔兹，而不少学困生成为舞池之外的看客。

能否因材施教，是衡量一个教师教学水平和教育良知的最重要标准。

★ 当下的学校，老师和学生都很少有发呆的时间。

悠闲出思想，闲暇出智慧。

我们的教育在不停地"做加法"，真的要想想如何给学校、师生"做减法"——给我们的学校、老师和学生发呆的时间和空间。

教有所思（3）

★ 我一直认为教育首先是"中国心的教育"。

早在20世纪初，陶行知就大声抨击当时的教育"他教人离开乡下往城里跑，他教人吃饭不种稻，穿衣不种棉……"

而今天在一些地方、一些学校和家庭，依然是教孩子逃离乡下往大城市跑，离开中国往国外跑。

没有中国心的教育则是完全失败的教育。

★ 我们的老师、家长和孩子经常想的一个问题是：我怎样做才能上清华、北大？

这本身就是一个错误的问题，正确的问题应该是：考上清华、北大，能怎样帮助我实现我的人生目标、人生追求？

★ 好教师需要更强大的力量才能不被公众世俗的评判左右，不被现实的恐惧束缚手脚，并且不把这种恐惧传递给孩子。

找到教学的乐趣，认识到自己的特点，并将其发扬光大成为可以影响学生的力量，就是一名好教师的特质。

★ 有人在学生中做过这样的调查：你的心里话都喜欢说给谁听？结果是：说给好友听的占40%，同桌占30%，家长占12%，其他人占8%，科任老师占3%，班主任占2%。

学生最不信任的竟然是我们自以为为学生操碎了心的班主任。究其原因，在旧有教育理念左右下，班主任和学生之间是教育与被教育，管理与被管理的关系，更有甚者，班主任与学生之间犹如"君臣关系"。

而有的班主任则被称为"战斗型班主任"，天天和学生斗争，累得精疲力尽，结果是，两败俱伤。

如果有哪一天学生愿把心里话讲给你听，那你就会成为一名真正优秀的班主任。

★ 一个人一生一般要经历几个发展过程：

最初迷信父母（"我爸爸妈妈说的"），后来迷信老师（"老师说的"），再后来迷信书本（"书上说的"），再到相信自己（"我说的"），直至拥有怀疑精神（"谁说的"）。

教有所思（4）

★ 如果让我们使用5年前甚至10年前的手机，我们肯定无法忍受它的样式和速度。

但是，我们正在用的教育方式和教学方式用了近两百年，却好像没有什么感觉。我们还是在用那种老的流水线方式进行教育，在同一时间里，用同样的套路，面对几十个天分不一样、兴趣不一样、努力不一样的孩子，教给他们同一个知识。

我们是否要问一下自己：这样的事情我们难道可以忍受吗？

★ 有一个普林斯顿的大学生问了爱因斯坦一个问题：你觉得什么是这个时代最重要的科学问题？

爱因斯坦想了很久，回答这个大学生：如果真有什么最重要的科学问题，我想就是——这个世界是善良的还是邪恶的？

★ 国学大师钱穆常常给学生讲一个故事：有一次他路过一座古庙，看到一位老道士正在清除一棵枯死的柏树，补栽夹竹桃。钱穆大为惊异："为什么不种松柏，要种夹竹桃呢？"老道士说："松柏树长大，我看不到了，夹竹桃明年就开花，我看得见。"钱穆听后，大为感叹："士不可不弘毅，任重而道远。"

从此，他常以这个故事勉励学生：做学问的人，不只"种桃种李种春风"，还应"种松种柏种永恒"。

★ 我们看到：有的教师为了将知识讲透彻而拖堂，有的教师为了让学生考个好分数而占用其他"副科"时间偷偷补课，老师的出发点都是好的，但往往好心办坏事，既不合教育规律也不受学生喜欢。

师德不仅是教师的职业道德，更是"专业道德"。

爱是教育的前提，但并非教育本身。教师不仅要爱学生，更要懂得"会爱""专业地爱""智慧地爱"。真正的好教师是有专业性、有智慧的人，而不仅是满心慈爱的人。

教有所思（5）

★ 有一家酒厂在闹市区设了一个大酒坛，在酒坛口贴一告示："请不要往里看。"但路人还是忍不住好奇地往里看，这一探看就闻到了酒香，马上就会在脑中问：这是什么酒？是哪里产的？这个广告设计比"请尝尝我们的酒"要好得多。

教育的原初之义是"引出"，"引出"意味着受教育者身上存在的某种东西可以被引导、生发出来。

教育不是"教"，而是一种发现、挖掘、熏陶、共鸣、引导。

★ 青蛙有四条腿，蜈蚣有近百条腿。

蜈蚣嘲笑青蛙：你只有四条腿，而我有那么多条腿。

青蛙反问蜈蚣：你的第18条腿举起的时候，第40条腿在干什么呢？

蜈蚣反复思考后，从此不会走路了，因为它老是在想第40条腿在干什么。

教学中，我们可能最需要培养学生的一种"整体感觉"，也就是学科的"综合素养"，如语文的"语感"，数学的"数感"，音乐的"乐感"等，而不是非此即彼的答案，不是要追问"第40条腿到底在干什么"。

★ 很多时候，我们是在给儿童一个"分开的世界"，语文讲语文的世界，数学讲数学的世界，这是一个以知识、技能、方法等为界限分开的世界。

其实，我们更应该给儿童一个完整的世界，包含天地人，包含万物万象的世界，让世界成为儿童的教室，让世界成为儿童的教科书。

★ 你不妨回忆一下，印象中老师给你留下的不可磨灭的东西，可能就是那些不经意的小事：一次简短平和的谈话，一个举动，一个眼神，一个期许甚至是一个微笑，经由这些小事，教育进入人的心灵，打动影响一个人。

教育就是这些小事、这些环节，把这些琢磨透了、处理好了就是教育的艺术。

★ 我听一些公开课的时候，经常会比较痛苦，很多老师心中早就有了标准答案，还是不停地让学生回答、讨论、猜想，引导学生寻找、接近老师心中早就预设好的标准答案，还美其名曰"课堂活跃""小手如林"，这样的上课实质上是在演戏。

没有灵感的火花、没有思维的碰撞、没有自由的想象、没有多元的答案，就不会是一节好课。

教有所思（6）

★ 孩子为什么要上学？

一是寻求和获得向外的力量，与世界相联结，通过学习去认识世界。

二是寻求和获得向内的力量，与自我相联结，通过学习来认识自己。

其实，人的一生都在不断认识自我和认识世界。

★ 除去在学校的时间，他们大多数时候宅在屋子里，和习题为伴，和电视、手机、平板电脑为伴；他们知道课外书上亚马逊雨林里的稀有物种，却不知道餐桌上的蔬菜名称；他们看过电视电影中的麦田、菜园，却没有亲身体验过下田，从未抚摸过一株禾苗、麦苗……他们喜欢在屋子里，因为屋里有电源插座。

这种现象被称为"自然缺失症"。

如果长此以往，还会不会有"林间最后的小孩"？

★ 诗人写道：草长莺飞二月天，拂堤杨柳醉春烟。儿童散学归来早，忙趁东风放纸鸢。

今天的孩子依然读背着这首诗，可他们的世界已少了"草长莺飞""拂堤杨柳"，更少有"东风"和"纸鸢"。

他们需要的是完整地背诵这首诗和作者，然后准确地写在试卷上，至于诗中的"忙趁东风放纸鸢"是一种怎样的童年乐趣，他们可能再也无法感悟到。

★ 一位教育学者在长达30年的大样本跟踪研究后发现：那些在孩提时代能充分玩耍的孩子，在30年后过着更为充实的生活；而那些没有充分游戏过的孩子，在30年后往往沉迷于各种不良嗜好中。

成人之后的玩耍，再怎么投入也不再是童年的那个味道。幸运之人用童年治愈一生，不幸之人用一生治愈童年。

★ 《童年的消逝》一书中说："学校是所剩的唯一承认儿童和成人有重要不同的社会公共机构。"

无论学校的努力作用有多大，学校将以这样或那样的形式，成为童年消逝的最后一道防线。

校长和老师，应该成为"坚持记住童年的人"，"坚守童年消逝的最后一道防线"。

教有所思（7）

★ 我们总在不断追逐新的东西，又在追逐中不断迷失。

我们总在不断地往前奔跑，却忘记了当初为什么出发。

我越来越觉得：

最"土"的可能就是最"洋"的；

最"传统"的可能就是最"现代"的；

最"民族"的可能就是最"国际"的。

★ 我们总在追求"现代化"。

但现代化绝对不是用钱买来的，现代化绝对不是物的现代化。

现代化是人的思想、理念和行为的现代化。

我们需要警惕"现代化陷阱"以及"现代化指标陷阱"。

我们需要警惕用先进的技术去支撑落后的理念。

★ 学生的学习有不同类型：有的是"视觉学习者"，盯着黑板和老师；有的是"听觉学习者"，眼睛不一定盯着黑板和老师，但耳朵在听；有的是"触觉动觉学习者"，在动手体验中学习更深刻。

一堂真正的好课，是如何尽可能让不同类型学习者各得其所，如何让孙悟空、猪八戒、沙和尚和唐僧各有所得。

★ 据说有一家饭店的一道菜远近闻名，其实是很普通的清蒸鱼，配料、做法与别的店没什么区别。不同的是，当清蒸鱼蒸好端上桌时，服务员会告诉客人："还要再焖五分钟才能吃。"如果顾客强行提前吃，服务员会坚决制止，这已经成为这道菜的规矩。五分钟后，掀开盖子，香气四溢，感受独特。

再焖五分钟是这道菜的秘密。五分钟期间，鱼的香味在等待中越来越浓烈。

《菜根谭》说："伏久者必飞高，开先者谢独早。"那就再焖五分钟吧！

★ 以色列一位政要在说教育时举了一个例子：他读小学的时候，每天回家，母亲就会问他两个问题，第一个是"今天你在学校有没有问出一个问题连老师都答不上来？"第二个是"你今天在学校有没有做一件事让老师和同学觉得比较特别？"

我们的学生回家，家长也往往会问两个问题，第一个是"今天你在学校听话了吗？听讲了吗？"第二个是"今天你在学校举手回答问题了吗？作业认真做了吗？"

主动学习和被动学习的确有着本质的差别。

独立思考、提出问题比听讲做题、解决问题重要百倍！

教有所思（8）

★ 未来教育、未来学校成为当下一个热议话题。

其实，未来教育不是从未来开始，而是从此时此地出发。

未来教育与历史对话，与现在对话，与心灵对话，与世界对话。

未来已来，过去未去，过去与未来均在现实之中。

越本来，越未来！

★ 中国的教育强调"有些东西如果你不刻苦训练你是难以有兴趣的"，而西方的教育强调"给你充分的自由你就会自己摸索出兴趣"。

其实，这两种理念都失之偏颇：不断练习有时会扼杀孩子的兴趣，同样，给他充分自由也可能让人变懒，也会失去兴趣。

有的孩子需要更多的自由才有兴趣，有的孩子适当给他压力才有兴趣，这完全因人而异。关键是哪种方法能让他找到内心的召唤、找到自己兴趣所在。

★ 知乎上有人问：不爱自己的父母正常吗？

热门的回答是：没有天生会爱的人，爱是相互的，也是需要去争取的。

父母与子女之爱，仅有血缘关系是不够的。父母和孩子的感情，必须要有相处时间的长度和频次。

★ 从来就没有一个孩子是不爱学习的。

孩子的好奇心跟吃饭睡觉一样是人类的本能。

孩子讨厌的不是学习，而是上学这件事。他们讨厌的是学校用规定的方式教他们没有兴趣的死知识，并用他们不喜欢的不公平的方式评价他们。

★ 当下不少父母给孩子的爱就像一件"湿棉袄"——穿起来重，脱下来冷。

教有所思（9）

★ 孩子不同的成长阶段，对孩子的爱应有不同的表现方式：

儿童成长早期，爱的主要表现为陪伴；

当孩子自主意识逐步形成时，爱的主要表现为尊重；

当孩子逐渐进入青春初期，爱的主要表现为放手。

★ 父母之爱应该是无条件的。

当孩子来到这个世界，父母就应该暗暗地说：孩子，无论你以后健康还是体弱，聪明还是愚钝，听话还是捣蛋，漂亮还是丑陋，成绩好还是差，我们都会爱你，养育你，直至你独立成人。

爱孩子，仅仅因为他是你的孩子，而和他是个什么样的孩子无关！

★ 有这样一个有趣的故事。

孩子从外面跑回家，十分惊异地告诉父母："刚才街上一匹马倒下了，人们都在喊：快找兽医。后来，兽医来了，可是兽医居然是一个人。"

在孩子眼中，马生病时会有"马医生"，鱼生病时会有"鱼医生"，兽医怎么可能是人呢？我们不得不惊叹：在孩子发现"兽医是个人"之前，他的世界该是多么奇特！多么美妙！

我们能否让孩子心中的童话世界保留更久一些，再久一些！

★ 在童话《小王子》中，有一段小王子与狐狸的对话。

小王子问："什么是仪式感？"狐狸说："它就是使某一天与其他日子不同，使某一时刻与其他时刻不同。"

如何让孩子保持对生活的热爱，对学习的热情，对美好的向往，这段对话是一个很好的诠释。

★ "不写作业母慈子孝，一做作业鸡飞狗跳"似乎成为当下一些家庭的常态。

辅导作业时的"中国吼"似乎成为中国妈妈们的共同特征。

但如果"中国吼"成为亲子沟通常态，极可能让孩子产生焦虑、懦弱、自我否定、逆反等心理，从而使双方焦虑不断升级，陷入焦虑的恶性循环之中。

那么，能不能做一个"手持戒尺，心中有爱，眼中有光"的妈妈呢？

教有所思（10）

★ 苏霍姆林斯基曾说过：手中拿着小提琴，人就不可能做坏事。

而学美术出身的希特勒曾说过：军服一定要帅，这样年轻人就会义无反顾地投军效劳。

艺术是中性事物，最终是造福人类还是祸害人类，取决于使用者的心灵和信仰。

★ 不少家长和老师还生活在一个旧时代逻辑里：考一个好分数，上一所好中学，考一所好大学，找一份好工作，娶一个好媳妇，生一个好儿子，再上一所好学校。

如此周而复始，于是出现了很多现代"城市的放羊娃"。

★ 人们都知道：语文是密密麻麻一大片，数学是清清楚楚一条线。

我想说：学习语文就像"拣土豆"，语文知识结构就像一袋土豆，你任何时候伸手进去，拿出来的都是一个完整的土豆；学习数学就像"爬楼梯"，数学知识结构就像一架楼梯，如果中间掉了一级，你就难爬上去，需要及时把这一级修补上。

★ 人所从事的工作具备三个特征就很难被机器取代：一是社交能力、协商能力和人际交流的艺术；二是同情心以及对他人真心实意的关切；三是创意和审美。

教师工作就具备这三个特征。

★ 我们经常想的、说的与做的并不一致。

这个世界上最远的距离也许是知与行的距离。

★ 石油大王洛克菲勒说：无论贫富，这"三种苦"尽量别让孩子吃——少陪伴的苦，不打扮的苦，受打击的苦。

其实，关于"穷养"还是"富养"，最好的做法是"穷养物质，富养精神"。

教有所思（11）

★ 一个人类学家回答记者问：人类文明从什么时候开始的？记者猜想他会回答火的发明或者石器的发明等。

但这位人类学家说：人类文明的诞生是考古学家发现的一块人类腿骨，这块腿骨折断了，但是又愈合了——这是人类文明的开始。

为什么？因为在远古恶劣生存环境下，一个人腿折了意味着死亡，他能够存活，一定有同伴帮助他、照顾他——这就是人类文明的起源。

人类作为一个种群，要持续发展，就需要互帮互助、合作共存——这是人类文明真正价值所在。

★ 郑强教授曾讲过一件事。一次他参加中小学培训活动，面对300多名中小学校长提了一个问题：中国唯一集齐了中科院院士、两弹一星功勋科学家、国家最高科技进步奖、八一勋章、改革先锋、感动中国十大人物等六大荣誉的人是谁？

然而校长们没有一个人知道，甚至拿出照片来也没有人认识。

答案是程开甲院士（人称"中国核司令"）。

答案是谁并不重要，让人感慨的是如今不少学校把企业家、明星、网红请进校园，但对这些共和国功勋人物却知之甚少。

★ 早在100年前，美国心理学家特尔爱就对15000名超高智商儿童进行了长时间的跟踪研究，40年后发现这些人中20%取得了成就，60%成就平平，20%流入到中等以下。可见，认知能力与一个人未来成就并无直接关系。

那么决定一个人未来成就的主要因素是什么呢？以下四种品质是未来取得成就的关键：有明确的目标和坚持力；谨慎有进取心；自信不自卑；善于为实现目标一步步积累。

可以说，高智商可能会考高分，但决定未来成就的一定是智商加情商。

★ 马克·吐温曾讲过他的一次亲身经历：

听牧师演讲时，最初他觉得牧师讲得很好，打算捐款；

10分钟之后，牧师还没讲完，他有些不耐烦了，决定只捐些零钱；

又过了10分钟，牧师还没有讲完，他决定不捐了。

这种刺激过多或过久，引起逆反心理的现象，被称为"超限效应"。

而现实生活中，有些家长，尤其是妈妈，老是盯着孩子的小毛病、小缺点"唠叨"，这个"唠叨病"的确需要改一改了，不然就会引起"超限效应"。

★ 你到底是在大池塘里做一条小鱼？

还是在小池塘里做一条大鱼？

往往是小池塘里做一条大鱼对孩子的发展更有利。

★ 培养一个考高分的学生比较容易，

培养一个带着笑脸的学生却比较难。

教有所思（12）

★ 卢梭说：童年实际上是用来浪费的！

这里的"浪费"是指非功利性的、非目的性的学习和成长。

希望儿童不要过早地进入非自然的成长状态，正如怀特海所说的"浪漫期"。

★ 一味培养"乖孩子"不一定是好事。

这些刻意培养的"乖孩子"往往会形成"讨好型人格"（高顺从，低自尊），丧失自立性和判断力，也更容易诉诸暴力。

★ 对成长中的孩子来说，"听话"是优点，但"太听话"却是缺点。

"太听话"的孩子往往缺乏主见、决策能力和责任意识。

★ 园丁总是做好园丁该做的事，然后交给自然的力量！

在教育中，这种自然的力量就是学生自我完善的生命力和天然的上进心。

育人的信念在于尊重这种自然力，相信教育本身有其力量，只要耕种，就会有不期而至的收获。

★ 曾国藩曾说"结硬寨，打呆仗"。

说的是做事不要耍滑头，投机取巧，要有一种"长期主义"的做事精神。

做教育更需要"长期主义"的精神。

教有所思（13）

★ 孩子成绩不太好，父母会问："为什么别人能学好，你却学不好呢？"

孩子遇到难题不会做，父母会问："为什么别人会做，你不会做呢？"

有些家长似乎有一种"别人行，你为什么不行""别人行，你也行"的惯性思维。其实，"别人行，你也行"看似鼓励，实则是一道魔咒，而"别人行，你为什么不行"，更是对孩子的伤害。

正确的理念和做法是"别人这个行，我那个行"。

★ 老师和家长在批评孩子时，不妨用一下"三明治批评"。它是指把批评夹在两个表扬之中，从而让受批评者愉快接受批评，并乐意改之。

首先，让孩子吃第一层，第一层是认同、赏识和肯定；然后，吃中间一层，夹着批评、建议和改正方法；最后第三层是鼓励、希望和支持。

这样的三明治，孩子们都乐意吃。

★ 从来就没有一个孩子是天生不爱学习的。

学习跟吃喝拉撒一样是人的本能。

一些厌学的孩子讨厌的不是学习，而是上学这件事——他们讨厌的是学"考后即焚"的硬知识。

★ 好的家庭教育永远不会相信"不能输在起跑线上"的虚假广告，

也不会相信"人生是马拉松，坚持到最后就是胜利"的心灵鸡汤。

好的家庭教育是以农夫般的耐心相信种子，相信岁月！

★ 你或许拥有无限的财富

一箱箱的珠宝与一柜柜的黄金

但你永远不会比我富有

我有读书给我听的妈妈